Gerecht<

MW01231860

Reihe herausgegeben von
Ines-Jacqueline Werkner, Heidelberg, Deutschland
Sarah Jäger, Heidelberg, Deutschland

„Si vis pacem para pacem" (Wenn du den Frieden willst, bereite den Frieden vor.) – unter dieser Maxime steht das Leitbild des gerechten Friedens, das in Deutschland, aber auch in großen Teilen der ökumenischen Bewegung weltweit als friedensethischer Konsens gelten kann. Damit verbunden ist ein Perspektivenwechsel: Nicht mehr der Krieg, sondern der Frieden steht im Fokus des neuen Konzeptes. Dennoch bleibt die Frage nach der Anwendung von Waffengewalt auch für den gerechten Frieden virulent, gilt diese nach wie vor als Ultima Ratio. Das Paradigma des gerechten Friedens einschließlich der rechtserhaltenden Gewalt steht auch im Mittelpunkt der Friedensdenkschrift der Evangelischen Kirche in Deutschland (EKD) von 2007. Seitdem hat sich die politische Weltlage erheblich verändert; es stellen sich neue friedens- und sicherheitspolitische Anforderungen. Zudem fordern qualitativ neuartige Entwicklungen wie autonome Waffensysteme im Bereich der Rüstung oder auch der Cyberwar als eine neue Form der Kriegsführung die Friedensethik heraus. Damit ergibt sich die Notwendigkeit, Analysen fortzuführen, sie um neue Problemlagen zu erweitern sowie Konkretionen vorzunehmen. Im Rahmen eines dreijährigen Konsultationsprozesses, der vom Rat der EKD und der Evangelischen Friedensarbeit unterstützt und von der Evangelischen Seelsorge in der Bundeswehr gefördert wird, stellen sich vier interdisziplinär zusammengesetzte Arbeitsgruppen dieser Aufgabe. Die Reihe präsentiert die Ergebnisse dieses Prozesses. Sie behandelt Grundsatzfragen (I), Fragen zur Gewalt (II), Frieden und Recht (III) sowie politisch-ethische Herausforderungen (IV).

Weitere Bände in der Reihe http://www.springer.com/series/15668

Ines-Jacqueline Werkner ·
Heinz-Günther Stobbe
(Hrsg.)

Friedensethische Prüfsteine ziviler Konfliktbearbeitung

Politisch-ethische
Herausforderungen • Band 7

Hrsg.
Ines-Jacqueline Werkner
Heidelberg, Deutschland

Heinz-Günther Stobbe
Siegen, Deutschland

ISSN 2662-2726   ISSN 2662-2734 (electronic)
Gerechter Frieden
ISBN 978-3-658-28640-8   ISBN 978-3-658-28641-5 (eBook)
https://doi.org/10.1007/978-3-658-28641-5

Die Deutsche Nationalbibliothek verzeichnet diese Publikation in der Deutschen Nationalbibliografie; detaillierte bibliografische Daten sind im Internet über http://dnb.d-nb.de abrufbar.

Springer VS ist ein Imprint der eingetragenen Gesellschaft Springer Fachmedien Wiesbaden GmbH und ist ein Teil von Springer Nature.
Die Anschrift der Gesellschaft ist: Abraham-Lincoln-Str. 46, 65189 Wiesbaden, Germany

Inhalt

Friedensethische Prüfsteine ziviler Konfliktbearbeitung
Eine Einführung

Ines-Jacqueline Werkner

1   Einleitung

Der gerechte Frieden, so wie ihn die Denkschrift der Evangelischen Kirche in Deutschland (EKD) fasst, basiert in seinen
friedenspolitischen Dimensionen auf drei Grundorientierungen:
dem Vorrang ziviler Konfliktbearbeitung, dem Verständnis einer
Friedensordnung als Rechtsordnung sowie der Beschränkung militärischer Gewalt zur Rechtsdurchsetzung.[1] Vor dem Hintergrund
des vorgenommenen Perspektivenwechsels vom gerechten Krieg
zu dem deutlich umfassenderen Konzept des gerechten Friedens
wird gerade der erste Grundsatz zum zentralen Moment des neuen
friedensethischen Leitbilds. So heißt es in der Friedensdenkschrift
der EKD (2007, Ziff. 170): „Im Rahmen des Konzeptes des gerechten
Friedens ist zivile Konfliktbearbeitung eine vorrangige Aufgabe."

---

[1] Die Ausführungen zum Vorrang ziviler Konfliktbearbeitung im
Konzept des gerechten Friedens basieren wesentlich auf Hoppe und
Werkner (2017, Kap. 4).

© Springer Fachmedien Wiesbaden GmbH, ein Teil von Springer Nature 2020
I.-J. Werkner und H.-G. Stobbe (Hrsg.), *Friedensethische Prüfsteine
ziviler Konfliktbearbeitung*, Gerechter Frieden,
https://doi.org/10.1007/978-3-658-28641-5_1

Dabei kommt der Konfliktvorbeugung und einer Konfliktnachsorge, die zugleich der Prävention neuer Konflikte dient, eine besondere Bedeutung zu (vgl. EKD 2007, Ziff. 179). Ferner gilt es, die verschiedenen Aktivitäten zu vernetzen; das erstreckt sich beispielsweise auf:

- die Unterstützung und den Aufbau von zivilen Strukturen in Konfliktregionen,
- die Förderung und den Ausbau demokratischer Strukturen,
- die Verständigung über Werte und Maßstäbe gesellschaftlichen Zusammenlebens,
- die Einflussnahme auf politische Prozesse der Meinungs- und Entscheidungsbildung,
- Maßnahmen zur Deeskalation gewaltförmiger Konflikte,
- die Förderung von Friedensallianzen,
- bildungspolitische Maßnahmen sowie
- die Demobilisierung und Reintegration ehemaliger Kombattanten (vgl. EKD 2007, Ziff. 177).

Trotz dieser Ausführungen verbleibt die zentrale Forderung des friedensethischen Leitbildes des gerechten Friedens, die Stärkung der zivilen und gewaltpräventiven Konfliktbearbeitung, auf einer eher allgemeinen Ebene. Das ist zum einen dem weiten Friedensbegriff geschuldet, der eine Operationalisierung erschwert. Aber es fehlen auch notwendige Konkretionen beziehungsweise Präzisierungen. Zu diskutieren bleibt hier, inwieweit eine Art politisch-ethischer Kriteriologie ziviler Konfliktbearbeitung erreichbar ist.

2 Zum Begriff der zivilen Konfliktbearbeitung

Zivile Konfliktbearbeitung ist ein durchaus mehrdeutiger Begriff (vgl. Weller 2007a, S. 9);[2] auch existiert parallel zu diesem eine Reihe anderer Bezeichnungen wie gewaltfreie, nicht-militärische, friedliche oder konstruktive Konfliktbearbeitung beziehungsweise Konfliktbewältigung, die häufig synonym verwendet werden (vgl. Weller 2007a, S. 14). Der Begriff des Zivilen besitzt verschiedene Bedeutungen; dabei wird auf drei Dimensionen beziehungsweise Ebenen[3] abgehoben: Zuvorderst bezieht er sich auf den Modus des Umgangs mit gewaltsamen Konflikten, das heißt auf die Einsatzmittel und die Art und Weise der Konfliktbearbeitung, und stellt insofern in erster Linie eine Kritik an der militärischen Vorgehensweise dar. Die Unbewaffnetheit gilt als zentraler Grundsatz ziviler Ansätze. In diesem Sinne umfasst zivile Konfliktbearbeitung

„die Gesamtheit der staatlichen und nicht-staatlichen Ansätze und Instrumente, die darauf zielen, sozio-politische Konflikte gewaltfrei zu bearbeiten. Die Anwendung von Gewalt soll vorgebeugt, sie soll beendet oder ihre Wiederkehr verhindert werden. Interessen, Beziehungen und Kommunikationsmuster sollen in weniger eskalationsträchtige Zustände überführt werden, um tiefere Ursachen und längerfristige Folgen des Konfliktes bearbeiten zu können" (Heinemann-Grüder und Bauer 2013, S. 19f.).

Zudem kommt mit dem Zivilen der Akteur in den Blick. So leisten zivile beziehungsweise zivilgesellschaftliche Akteure einen bedeutsamen friedenspolitischen Beitrag und sind „neben staatlichen

---

2 Die Ausführungen zum Begriff der zivilen Konfliktbearbeitung basieren wesentlich auf Werkner (2018, S. 80ff.)

3 Vgl. Weller (2007b, S. 69f.), Debiel et al. (2011, S. 313f.) sowie Gulowski und Weller (2007, S. 387).

Instrumenten und Einrichtungen wichtige Träger nicht-militärischer Maßnahmen der Konfliktintervention und Vermittlung" (Weller 2007a, S. 13). Hierbei steht weniger die Abgrenzung zu staatlichen Akteuren als vielmehr die konzeptionelle Erweiterung um transnationale Kräfte im Fokus der Betrachtung (vgl. Weller 2007b, S. 69).

Darüber hinaus steht zivile Konfliktbearbeitung für die „Zivilisierung der Konfliktbearbeitung" und damit für einen Prozess, der auf einen dauerhaften Gewaltverzicht in der Konfliktbearbeitung im Sinne der Normentwicklung und der Entwicklung einer konstruktiven Konfliktkultur zielt (Weller 2007b, S. 70):

> „Formen und Formeln der Koexistenz zu finden, unter deren Prämissen anhaltende und unausweichliche Konflikte ohne Androhung und Anwendung von Gewalt ausgetragen werden, ist in modernen Massengesellschaften die zentrale zivilisatorische Aufgabe" (Senghaas 1994, S. 18; vgl. auch Debiel et al. 2011, S. 314).

3   Aufgaben, Ansätze und Akteure ziviler Konfliktbearbeitung

Das Spektrum der Aufgaben und Ansätze ziviler Konfliktbearbeitung sowie ihrer Akteure ist breit (vgl. Abbildung 1) und kann alle Phasen – von der Krisenprävention über die Konfliktlösung bis zur Friedenskonsolidierung – umfassen.

Die „Agenda für den Frieden" des früheren UN-Generalsekretärs Boutros Boutros-Ghali (UN-Dok. A/47/277 und S/24111 vom 17. Juni 1992) benennt vier Handlungsebenen: die vorbeugende Diplomatie (*preventive diplomacy*), die Friedensschaffung mit friedlichen Mitteln (*peacemaking*), die Friedenssicherung (*peacekeeping*) sowie die Friedenskonsolidierung (*peacebuilding*). Nach Iris Smidoda

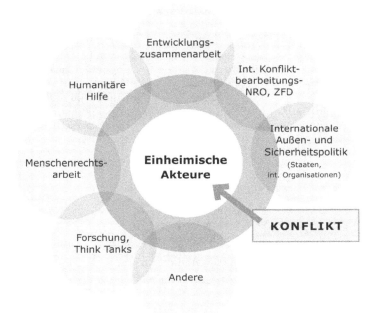

Abb. 1   Handlungsfelder ziviler Konfliktbearbeitung
Quelle: Schweitzer (2009, S. 20)

(2000), die drei Handlungsbereiche voneinander unterscheidet, stehen für die jeweiligen Strategien, auch wenn diese sich nicht immer trennscharf voneinander trennen lassen, verschiedene Instrumente ziviler Konfliktbearbeitung zur Verfügung (vgl. Abbildung 2 sowie u. a. auch Fischer 2017, S. 870f.):

Friedenssicherung (peacekeeping)	Friedensschaffung (peacemaking)	Friedenskonsolidierung (peacebuilding)
• Aufbau von Frühwarnsystemen • Fact-Finding (Tatsachenermittlung) • Monitoring • Schutz gefährdeter Personen	• „Stille Diplomatie"/ „Gute Dienste" • Facilitation • Mediation/ Konsultation • Stärkung der Konfliktbearbeitungskompetenz der Konfliktparteien • Schiedsgerichtsbarkeit • positive/ negative Sanktionen gegen Konfliktparteien	• Aufbauhilfe, Entwicklungshilfe, Flüchtlingshilfe, humanitäre Hilfe etc. • Hilfen beim Aufbau demokratischer und rechtsstaatlicher Strukturen

Abb. 2   Instrumente ziviler Konfliktbearbeitung
Quelle: Eigene Darstellung; vgl. Smidoda (2000, S. 78ff.)

So breit gefasst wie die Aufgaben der zivilen Konfliktbearbeitung erweist sich das Spektrum der in diesem Bereich tätigen Akteure. Das umfasst:

• Staaten,
• zwischenstaatliche Organisationen (Vereinte Nationen, OSZE etc.) sowie supranationale Organisationen (EU),
• Entwicklungs- und humanitäre Hilfsorganisationen,
• internationale (externe) und lokale (interne) Nichtregierungsorganisationen (vgl. Wolleh 2002) sowie
• Kirchen und Religionsgemeinschaften.

Zivile Konfliktbearbeitung zeichnet sich – das ist den verschiedenen Akteuren und Ansätzen gemeinsam – durch vorrangig lokale Zugänge aus. Martina Fischer (2017, S. 870) betont in diesem Kontext die Notwendigkeit einer – auch von den Akteuren anerkannten – „citizen-based diplomacy". Darin besteht ein wesentliches Potenzial. Generell lässt sich für die zivile Konfliktbearbeitung eine Reihe von Stärken, aber auch Schwächen ausmachen (vgl. Abbildung 3). Dabei „finden [die Stärken] ihre Begrenzung in immanenten Schwächen, mit denen die NGOs zu kämpfen haben" (Schneckener 2013, S. 99).

Potenziale	Grenzen
• lokale Zugänge (Netzwerke und Kontakte im Einsatzland) • Vertrauen in der lokalen Bevölkerung • Reputation als unparteiische und unabhängige Akteure • moralische Autorität und Glaubwürdigkeit • prinzipiengeleitetes Vorgehen • Aufbau lokaler Kapazitäten • Kompetenzen/ *soft skills* ↓ • große Potenziale auf der Mikroebene, v. a. in der Prävention und Postkonfliktphase	• voraussetzungsreiche Kriterien für einen Einsatz im Konfliktgebiet (auch abhängig von der Sicherheitslage) • limitierte finanzielle und personelle Ressourcen • häufig Abhängigkeit von öffentlichen Geldern und staatlichen Gebern • Problem der Nachhaltigkeit bei begrenzten Ressourcen ↓ • begrenzte Möglichkeiten auf der Makroebene sowie in bewaffneten Konflikten

Abb. 3   Potenziale und Grenzen ziviler Ansätze

Quelle: Eigene Darstellung; vgl. Schneckener (2013, S. 97ff.)

4   Zu diesem Band

Ausgehend von den Ausführungen der Friedensdenkschrift der
EKD widmet sich der Band zentralen Prämissen ziviler Konfliktbe-
arbeitung. Im Fokus steht der Versuch, vor dem Hintergrund der
Breite der Handlungsbereiche, Maßnahmen und Akteure zivile
Konfliktbearbeitung konkreter zu fassen, zu ihrer Operationalisie-
rung beizutragen und friedensethische Prüfsteine zu entwickeln.

Den Auftakt des Bandes bildet eine Analyse biblischer Überlie-
ferungen im Hinblick auf die Frage nach möglichen Begründungen
eines Vorrangs ziviler beziehungsweise gewaltfreier Konfliktbearbeitung. *Walter Dietrich* fokussiert in seinem Beitrag auf alttestamentliche Erzähltexte. Diese besitzen – wie die Hebräische
Bibel insgesamt – eine starke Affinität zur Gewalt. Das sei aber nur
die eine Seite. Zugleich gebe es auch die Gewalt abgeneigte Seite,
diese sei – so der Autor – „sogar die sein [Gottes, Anm. d. Verf.]
Wesen bestimmende".

Der Vorrang ziviler Konfliktbearbeitung ist unangefochten.
Dennoch bleibt dieser Vorrang – auch in der Friedensdenkschrift
der EKD – häufig unterbestimmt. Zugleich bedarf zivile Konfliktbearbeitung der kritischen Reflexion, sind mir ihr nicht nur
Potenziale, sondern auch Hindernisse verbunden. Vor diesem
Hintergrund widmen sich die folgenden Beiträge den Möglichkeiten und Grenzen ziviler Konfliktbearbeitung. *Ute Finckh-Krämer*
zeigt auf, dass und wie zivile Konfliktbearbeitung auf der Mikro-,
Meso- und Makroebene der Gesellschaft zur Reduzierung von
Gewalt und zu mehr Gerechtigkeit beitragen kann. *Martin Quack*
nähert sich der Frage aus der Perspektive unterschiedlicher Konfliktphasen an. So finde sich häufig eine Skepsis gegenüber zivilen
Handlungsmöglichkeiten in Konfliktphasen, in denen massive Gewalt ausgeübt wird. *Christine Schweitzer* nimmt die Möglichkeiten
und Grenzen lokaler Akteure in der Konfliktbearbeitung in den

Blick. Dabei müsse das Verhältnis von lokalen und internationalen Akteuren neu durchdacht werden, gebe es bei Letzteren „ein weit verbreitetes Phänomen der Arroganz und Missachtung der lokalen Akteure" und ein Verständnis von lokalen Akteuren „als die Empfängerinnen und Empfänger von *capacity building* denn als Expertinnen und Experten vor Ort".

Rebecca Gulowski entwickelt einen theoretischen Zugang, wie zivile Konfliktbearbeitung in ihrer Wirkung analysiert werden kann. Sie setzt bei den Aporien ziviler Konfliktbearbeitung an, die dazu führen, „dass zivile Konfliktbearbeitung als Konzept, Begriff oder Idee immer und notwendigerweise zwischen ihrem idealen Anspruch und der nicht-idealen praktischen Wirklichkeit oszillieren wird und [...] muss". Im Mittelpunkt der Ausführungen steht der Aspekt der Gerechtigkeit; dabei stützt sich die Autorin in ihrer Argumentation auf Überlegungen von Jacques Derrida und Axel Honneth.

Aus politischer Perspektive versteht sich zivile Konfliktbearbeitung als ressortübergreifend. Umstritten ist aber nach wie vor – auch wenn dies nur selten im Fokus friedenspolitischer und -ethischer Debatten steht – ihr Verhältnis zum Ansatz vernetzter Sicherheit. Dieser Frage widmet sich *Winfried Nachtwei*. Dabei brauche es – so der Autor – unter anderem „mehr Dialog- und Kooperationsbereitschaft" zwischen Menschen, die sich mit unterschiedlichen politischen Orientierungen für Frieden einsetzen, „mehr Zielklarheit sowie ein Verständnis, wer was kann", oder auch „eine gemeinsame ressort- und akteursübergreifende öffentliche Kommunikation".

Martina Fischer unterzieht in ihrem Beitrag die jüngsten bundespolitischen Maßnahmen zur Förderung der zivilen Konfliktbearbeitung einer friedenspolitischen und -ethischen Reflexion. Dabei stehen insbesondere die neuen Leitlinien der Bundesregierung „Krisen verhindern, Konflikte bewältigen, Frieden fördern" von

2017, die den „Aktionsplan zivile Konfliktprävention" ablösten, im Fokus ihrer Betrachtung. Sie analysiert diese auf ihre ethischen Orientierungen, Normen und Prinzipien hin, nimmt eine Bewertung der ersten Operationalisierungsschritte vor und diskutiert damit verbundene aktuelle Herausforderungen.

In einer abschließenden Synthese führt *Heinz-Günther Stobbe* die Argumentationsstränge des Bandes noch einmal zusammen. Er benennt zentrale Herausforderungen der zivilen Konfliktbearbeitung. Dazu gehören unter anderem die Mehrdimensionalität der Prozesse und Akteure, insbesondere die Bedeutung der zeitlichen Dimension der Prozesse, die Rolle der Situationsbeurteilung und (Un-)Parteilichkeit der Akteure sowie das Prinzip des optimalen Zusammenwirkens aller Kräfte. Zudem analysiert der Autor die Rolle religiöser Akteure in der zivilen Konfliktbearbeitung – in der Konfliktprävention und -nachsorge sowie bei der Vermittlung in Konflikten. In seinem Fazit mahnt Stobbe den Stellenwert ziviler Konfliktbearbeitung an, müsse diese zu einer prioritären politischen Aufgabe werden.

Literatur

Debiel, Tobias, Holger Niemann und Lutz Schrader. 2011. Zivile Konfliktbearbeitung. In *Friedens- und Konfliktforschung*, hrsg. von Peter Schlotter und Simone Wisotzki, 312–342. Baden-Baden: Nomos.
Evangelische Kirche in Deutschland (EKD). 2007. *Aus Gottes Frieden leben – für gerechten Frieden sorgen. Eine Denkschrift des Rates der Evangelischen Kirche in Deutschland*. Gütersloh: Gütersloher Verlagshaus.
Fischer, Martina. 2017. Zivile Konfliktbearbeitung und Krisenprävention – Politisch-ethische Kriterien zur Begründung. In *Handbuch Friedensethik*, hrsg. von Ines-Jacqueline Werkner und Klaus Ebeling, 867–879. Wiesbaden: Springer VS.

Gulowski, Rebecca und Christoph Weller. 2017. Zivile Konfliktbearbeitung. Kritik, Konzept und theoretische Fundierung. *Peripherie* 37 (148): 386–411.

Heinemann-Grüder, Andreas und Isabella Bauer. 2013. Was will zivile Konfliktbearbeitung? In *Zivile Konfliktbearbeitung. Vom Anspruch zur Wirklichkeit*, hrsg. von Andreas Heinemann-Grüder und Isabella Bauer, 17–21. Opladen: Barbara Budrich.

Hoppe, Thomas und Ines-Jacqueline Werkner. 2017. Der gerechte Frieden: Positionen in der katholischen und evangelischen Kirche in Deutschland. In *Handbuch Friedensethik*, hrsg. von Ines-Jacqueline Werkner und Klaus Ebeling, 343–359. Wiesbaden: Springer VS.

Schneckener, Ulrich. 2013. Reden mit „Störenfrieden": Ansätze von internationalen NROs im Umgang mit nicht-staatlichen Gewaltakteuren. In *Zivile Konfliktbearbeitung. Vom Anspruch zur Wirklichkeit*, hrsg. von Andreas Heinemann-Grüder und Isabella Bauer, 89–106. Opladen: Barbara Budrich.

Schweitzer, Christine. 2009. Erfolgreich gewaltfrei. Professionelle Praxis in ziviler Friedensförderung. http://www.ifa.de/fileamin/pdf/zivik/erfolgreich_gewaltfrei.pdf. Zugegriffen: 10. April 2019.

Senghaas, Dieter. 1994. *Wohin driftet die Welt? Über die Zukunft friedlicher Koexistenz*. Frankfurt a. M.: Suhrkamp.

Smidoda, Iris. 2000. Instrumente ziviler Konfliktbearbeitung in internationalen Konflikten. In *Ziviler Friedensdienst. Fachleute für den Frieden. Idee – Erfahrungen – Ziele*, hrsg. von Tilman Evers, 78–85. Opladen: Leske + Budrich.

Weller, Christoph. 2007a. Zivile Konfliktbearbeitung: Begriffe und Konzeptentwicklung. In *Zivile Konfliktbearbeitung. Aktuelle Forschungsergebnisse*, hrsg. von Christoph Weller, 9–18. Duisburg-Essen: INEF.

Weller, Christoph. 2007b. Themen, Fragestellungen und Perspektiven der Forschung zu Ziviler Konfliktbearbeitung. In *Zivile Konfliktbearbeitung. Aktuelle Forschungsergebnisse*, hrsg. von Christoph Weller, 69–74. Duisburg-Essen: INEF.

Werkner, Ines-Jacqueline. 2018. Just Policing – eine Alternative zur militärischen Intervention? In *Just Policing. Eine Alternative zu militärischer Intervention?*, hrsg. von A. Uta Engelmann und Ines-Jacqueline Werkner, 8–166. Karlsruhe: Evangelische Akademie Baden.

Wolleh, Oliver. 2002. Zivile Konfliktbearbeitung in ethnopolitischen Konflikten. http://www.bpb.de/apuz/26281/zivile-konfliktbearbeitung-in-ethnopolitischen-konflikten?p=all. Zugegriffen: 10. April 2019.

Gewaltfreie versus gewalttätige Konfliktbewältigung im Alten Testament

Walter Dietrich

1 Einleitung

Die Hebräische Bibel steht im Ruf, sehr viel Affinität zur Gewalt zu haben: zu göttlicher wie zu menschlicher. Dieses (Vor)Urteil ist zutreffend *und* verfehlt. In der Bibel gibt es beides: erschreckende Fälle gewalttätiger, aber auch gewinnende Beispiele gewaltfreier Konfliktlösung. Dies soll im Folgenden demonstriert werden. Der Schwerpunkt wird dabei auf alttestamentlichen Erzähltexten liegen – eine Fokussierung, die lediglich dem Zwang zu räumlicher Beschränkung geschuldet ist. Immerhin soll, im zweiten Abschnitt, mit knappen Strichen aufgezeigt werden, dass die Thematik in *allen* Textbereichen des Alten Testaments präsent ist. Im dritten Abschnitt folgt dann ein umfassenderer Überblick über einschlägige Erzähltexte, im vierten werden zwei besonders eindrucksvolle Erzählungen über gewaltfreie Konfliktbearbeitung näher betrachtet, bevor in einem fünften einige abschließende Erwägungen präsentiert werden.

© Springer Fachmedien Wiesbaden GmbH, ein Teil von Springer Nature 2020
I.-J. Werkner und H.-G. Stobbe (Hrsg.), *Friedensethische Prüfsteine ziviler Konfliktbearbeitung*, Gerechter Frieden,
https://doi.org/10.1007/978-3-658-28641-5_2

2   Konfliktbewältigung in den gesetzlichen und poetischen Partien des Alten Testaments

Der Kanon der Hebräischen Bibel ist dreigeteilt: Tora, Propheten und (übrige) Schriften. Die Tora – die fünf Bücher Mose – setzt sich im Wesentlichen aus Erzähl- und Gesetzestexten zusammen; von ihnen sollen vorerst die Letzteren in den Blick genommen werden (a). Die Prophetenbücher gliedern sich in „Vordere" und „Hintere" Propheten, von denen die einen weit überwiegend aus Erzählungen, die anderen hauptsächlich aus poetisch gestalteten Prophetenworten bestehen; also wird es auch hier wieder um die Letzteren gehen (b). In den „Schriften" soll sich das Augenmerk ebenfalls auf poetische Texte richten, und zwar exemplarisch auf solche aus den Psalmen (c) und der Weisheitsliteratur (d).

(a) Das alttestamentliche *Recht* ist prinzipiell ein Ausgleichsrecht, das heißt, es zielt in erster Linie nicht auf die Demütigung und Bestrafung von Rechtsübertretern ab, sondern auf ausgleichende Gerechtigkeit zugunsten der Geschädigten. Ziel ist ein gesellschaftliches Gleichgewicht, das jeder und jedem Unversehrtheit und gesicherte Existenz ermöglicht. Typisch dafür ist ein sogenannter kasuistischer Rechtssatz im „Bundesbuch", der ältesten biblischen Gesetzessammlung, die in Ex 21-23 niedergelegt ist:

> „Wenn Männer in Streit geraten und einer den andern mit einem Stein oder mit der Faust schlägt, so dass er zwar nicht stirbt, aber im Bett liegen muss, später aber wieder aufstehen und draußen am Stock gehen kann, so bleibt straffrei,

der geschlagen hat. Er muss ihn nur entschädigen für das Versäumte und für die Heilung aufkommen" (Ex 21,18-19).[1]

Es gibt in der Tora aber auch Anordnungen, die alles vermissen lassen, was zu einer schiedlich-friedlichen Konfliktlösung führen könnte: zuerst eine Debatte über das strittige Problem, dann die ruhige Feststellung von Unschuld und Schuld, gegebenenfalls Erwägungen zur Schwere der Schuld und ihrer möglichen Behebung (oder Ahndung). Stattdessen liest man im Deuteronomium etwa die folgende Anweisung:

> „Wenn dich dein Bruder, der Sohn deiner Mutter, oder dein Sohn oder deine Tochter oder die Frau in deinen Armen oder dein Freund, den du so lieb hast wie dich selbst, heimlich verführen will und sagt: Auf, lass uns anderen Göttern dienen […], dann sollst du ihm nicht nachgeben und nicht auf ihn hören. Du sollst ihn nicht schonen und dich seiner nicht erbarmen und ihn nicht decken, sondern du musst ihn umbringen" (Dtn 13,7-10).

(b) Die alttestamentlichen *Propheten* – Menschen mit einer besonderen, unmittelbaren Nähe zu Gott und dem Anspruch, dessen Willen zu kennen und zu verkünden – können in Konfliktsituationen sehr sanft oder sehr hart reden. Als Beispiel diene hier die Einstellung in zwei Schriften des Zwölfprophetenbuchs zu Assyrien: jenem mesopotamischen Großreich, dem sich die Königreiche Israel und Juda im 8. Jahrhundert v. Chr. unterwerfen mussten. Aus der Nahum-Schrift hört man die knisternde Wut derer, die den fremden Bütteln und Blutsaugern die Pest an den

---

1   Diese wie auch die folgenden Bibelstellen sind zitiert nach der Neuen Zürcher Bibel von 2007.

Hals wünschen. In der Jona-Schrift hingegen melden sich Kreise zu Wort, die sich sogar bei den Assyrern beziehungsweise in ihrer Hauptstadt Ninive plötzliche Schuldeinsicht und Bußbereitschaft vorstellen können – und daraufhin das sofortige Einlenken Gottes, der noch so gern auf das vorgesehene Strafgericht verzichtet. (Ninive wurde übrigens am Ende dem Erdboden gleichgemacht, und zwar von den Babyloniern – die dann freilich gegenüber Juda die gleiche Rolle einnahmen wie zuvor die Assyrer: die einer unerbittlich ihre Herrschaftsansprüche durchsetzenden Großmacht; und auch gegenüber Babylon finden sich in den alttestamentlichen Prophetenbüchern Äußerungen mit Tendenz zum *appeasement* ebenso wie flammende Unheilsankündigungen.)

(c) In einigen *Psalmen* beschwören die Beter ganz unverstellt göttliches Gericht auf ihre Widersacher herab: „Die Frevler sind wie Spreu, die der Wind verweht. Darum werden die Frevler nicht bestehen im Gericht, noch die Sünder in der Gemeinde der Gerechten" (Ps 1,4-5). In einem kollektiven Klagelied wird gegen feindselige Nachbarn im Osten und im Westen das folgende Hoffnungsbild entworfen:

> „Moab ist mein Waschbecken, auf Edom werfe ich meinen Schuh, Philistäa, jauchze mir zu! Wer führt mich hin zu der befestigten Stadt, wer geleitet mich nach Edom? Bist nicht du es, Gott? [...] Mit Gott werden wir Machttaten vollbringen, er ist es, der unsere Feinde zertritt" (Ps 60,10-14).

Demgegenüber stehen Psalmstellen von bezaubernder Friedfertigkeit nach innen wie außen, etwa im 85. Psalm, der ebenfalls mit Klagen über eine konfliktbeladene, ja desaströse Situation beginnt, sich dann aber zur Gewissheit tiefen Trostes durchringt:

„Ich will hören, was Gott spricht. Jhwh, er verkündet Frieden seinem Volk und seinen Getreuen, damit sie nicht wieder der Torheit verfallen. Nahe ist denen seine Hilfe, die ihn fürchten, dass Herrlichkeit wohne in unserem Land. Gnade und Treue finden zusammen, es küssen sich Gerechtigkeit und Friede. Treue sprosst aus der Erde, und Gerechtigkeit schaut vom Himmel hernieder" (Ps 85,9-12).

(d) Die *Spruchweisheit* Israels kennt beides: dass Menschen wie auch Gott unerbittlich auf ihrem (Vor)Recht bestehen, und ebenso eine tiefgreifende Bereitschaft zu Ausgleich und Versöhnung. Dafür stehen die folgenden Beispiele: „Den Gerechten lässt Jhwh nicht hungern, aber die Gier der Frevler stößt er weg" (Spr 10,3). „Die Gerechtigkeit des Schuldlosen macht seinen Weg gerade, der Frevler aber kommt durch seinen Frevel zu Fall" (Spr 11,5). So die Regel, die da besagt, dass Tun und Ergehen einander entsprechen. Freilich, es gibt Ausnahmen von der Regel: „Betrachte das Werk Gottes: Wer kann gerade machen, was er gekrümmt hat?" (Koh 6,13). „Den Schuldlosen wie den Schuldigen bringt er [Gott] um. […] In die Hand eines Frevlers ist die Erde gegeben" (Hiob 9,22.24). „Warum hat Schaddai [ein Ehrentitel Gottes] keine Zeiten der Strafe bestimmt, und warum erleben, die ihn kennen, seine Gerichtstage nicht? Man verrückt Marksteine, man raubt die Herde und lässt sie weiden. Den Esel der Waisen treibt man weg, das Rind der Witwe nimmt man zum Pfand. Man drängt die Armen vom Weg, die Elenden des Landes müssen sich alle verstecken" (Hiob 24,1-4).

Doch die Weisen Israels geben die Welt nicht an das Unrecht verloren: „Jhwh gibt Weisheit, aus seinem Mund kommen Erkenntnis und Einsicht, für die Rechtschaffenen hält er Hilfe bereit, ein Schild ist er denen, die schuldlos ihren Weg gehen. Er schützt die Pfade des Rechts, und den Weg seiner Getreuen bewacht er" (Spr 2,6-8). „Der Arme und der Unterdrücker begegnen einander, Jhwh

gibt beiden das Augenlicht" (Spr 29,13). „Öffne deinen Mund für
den Stummen, für das Recht aller Schwachen. Öffne deinen Mund,
richte gerecht, und schaffe Recht dem, der elend ist und arm" (Spr
31,8-9). Selbst der von Gott grundlos gequälte Hiob tastet sich
zu leiser Hoffnung vor: „Ich weiß: Mein Anwalt lebt, und zuletzt
wird er sich über dem Staub erheben. Und nachdem meine Haut
so zerschunden wurde, werde ich Gott schauen ohne mein Fleisch.
Ich werde ihn schauen, und meine Augen werden ihn sehen und
niemand sonst" (Hiob 19,25-27).

3   Konfliktbewältigung in alttestamentlichen Erzähltexten

Die Hebräische Bibel ist auf weite Strecken ein Buch der Geschichte: In Gen bis 2Kön und danach noch einmal in 1-2Chr erzählt
sie die Geschichte der Welt und Israels von der Schöpfung bis
zum babylonischen Exil, in Esr-Neh noch darüber hinaus. Noch
mehr aber ist das Alte Testament ein Buch der Geschichten; diese
müssen nicht immer eingereiht sein in große Geschichtszusam-
menhänge, sondern können Einzelepisoden erzählen, wie etwa
von den Propheten Jesaja (Jes 36-39), Jeremia (Jer 26-44) und
Jona, von Ester und Daniel (Dan 2-6) oder von Tobit und Judit
(in den sogenannten Apokryphen). Das Alte Testaments zeigt
eine ausgeprägte Erzählkunst, die hinter der der großen Kulturen
der Menschheit nicht zurücksteht. Immer wieder rücken dabei
auch Krisen und Konflikte ins Blickfeld, die bald mit, bald ohne
Gewalt gelöst werden. Für beides seien einige markante Beispiele
in Erinnerung gerufen:

(a) Die Fälle *gewaltförmiger Konfliktlösung* beginnen gleich mit dem ersten Bruderpaar auf Erden: Kain erschlägt Abel, weil er ihm sein Anerkanntsein bei Gott neidet (Gen 4). Bald darauf breiten sich in der Menschheit Gewalttaten derart aus, dass sich Gott, um sie einzudämmen, nur mehr durch eine Sintflut zu helfen weiß (Gen 6,1-7). Doch nach dem großen Strafgericht werden die Menschen nicht besser – auch nicht die Angehörigen des Volkes, das Gott sich erwählt. So entscheidet der Erzvater Abraham einen Streit zwischen seinen beiden Frauen dadurch, dass er die eine von ihnen samt ihrem (ja auch seinem!) Kind in die Wüste schickt, wo beide um ein Haar umgekommen wären (Gen 21). Der Urahn Jakob betrügt seinen älteren Zwillingsbruder Esau um das Erstgeburtsrecht (Gen 27). Mose, Israels Anführer beim Exodus aus Ägypten, beginnt seine Karriere damit, dass er in „gerechtem Zorn" einen ägyptischen Sklaventreiber erschlägt und auch nicht in der Lage ist, einen Streit unter zwei Landsleuten konstruktiv zu schlichten (Ex 2). Der Gewaltmensch Abimelech ermordet, um König zu werden, alle seine Brüder (Ri 9). Die Gattin des Helden Simson, Delila, verrät ihren Mann an die Philister, von denen er eine große Zahl mit sich in den Tod reißt (Ri 16). Israels erster König, Saul, rottet ein ganzes Priestergeschlecht aus, das er des Verrats verdächtigt (1Sam 22). Sein Gegenspieler David wird als tüchtiger und besonders im Kampf gegen die Philister erfolgreicher Krieger dargestellt (1Sam 17-18). Später dann, von Saul vertrieben und in den Dienst der Philister getreten, führt er gegen verschiedene Volksstämme in Südpalästina Razzien durch, die jeweils einem Genozid gleichkommen (1Sam 27). Sein Heerführer Joab ermordet skrupellos, wen er für seine Gegner hält (2Sam 3,22-30; 18,6-15; 20,4-10) – und wird am Ende ebenso skrupellos von einem Rivalen, Benaja, ermordet (1Kön 2,28-34). Davids Sohn Abschalom räumt seinen älteren Bruder Amnon beiseite, weil er seine Schwester vergewaltigt hat (und ihm auf dem Weg zum Thron im Weg steht:

2Sam 13). Um vorzeitig die Macht zu erlangen, treibt Abschalom
sein Land in einen Bürgerkrieg, in dessen Verlauf er selbst und
ungezählte andere das Leben verlieren (2Sam 15-18). Davids Armee
besiegt nicht nur ihn, sondern auch Sezessionisten, die sich seiner
Herrschaft entziehen wollen (2Sam 20). Doch auch nach außen
führt David zahlreiche Kriege – angeblich alle siegreich (2Sam 8).
Sein Nachfolger Salomo führt nach seiner Machtergreifung gna-
denlos Säuberungen durch (1Kön 2); danach allerdings hört man
nichts mehr über von ihm verübte Gewalttaten. Dafür provoziert
der nächste Davidide, Rehabeam, in blinder Machtbesessenheit
Aufruhr und Spaltung im Doppelreich Israel-Juda (1Kön 12). Das
daraus hervorgegangene Königreich Israel mausert sich durch
eine Serie von Putschen und Gegenputschen hindurch (1Kön
16) zu einer ansehnlichen Militärmacht, die sogar in assyrischen
Quellen als ernsthafter Gegner erscheint (vgl. die sogenannte Mo-
nolith-Inschrift Salmanassars). Der König Ahab aus der besonders
glanzvollen Dynastie der Omriden setzt sich per Justizmord in den
Besitz eines von ihm begehrten Grundstücks (1Kön 21). Zu seiner
Zeit führt Israel, mit Juda im Schlepptau, einen Angriffskrieg
gegen das ostjordanische Moab (2Kön 3; vgl. auch die sogenannte
Mescha-Inschrift). Der Begründer einer nächsten Dynastie, Jehu,
putscht sich durch ein Meer von Blut an die Macht (2Kön 9-10). Die
judäischen Könige aus dem Haus Davids zeichnen sich kaum durch
größere Friedfertigkeit aus. Sie unterwerfen sich das südöstliche
Nachbarland Edom (1Kön 22,48). Eine Königinmutter namens
Atalja, wird berichtet, habe das gesamte Königsgeschlecht ausge-
rottet und selbst die Macht an sich gerissen (2Kön 11). Ein späterer
König, Amasja, bricht einen Krieg gegen des Bruderreich Israel
vom Zaun und wird jämmerlich geschlagen (2Kön 14,8-14). Als
purer Schreckensherrscher erscheint Manasse; er „füllte Jerusalem
mit Blut" (2Kön 21,16). Einer der letzten Könige, Jojakim, sucht
oppositionelle Propheten durch blutige Verfolgung auszuschalten

(Jer 36). Nach dem Zusammenbruch des Königreichs Juda endet ein Versuch zu friedlichem Wiederaufbau des Landes in Blut und Terror (Jer 41). Das nachexilische Juda verfügt über keine eigene Militärmacht mehr, doch im Innern herrscht immer noch großer Unfriede; wohlhabende Judäer beuten arme Landsleute aus (Neh 5) und radikalpatriotische Kreise erwirken die Trennung von Ehen jüdischer Männer mit nichtjüdischen Frauen (Esr 10).

Die Negativbeispiele ließen sich noch vermehren – die Bibel beschönigt die menschliche Neigung zu gewaltförmiger Konfliktlösung nicht. Und glaubt man ihr, dann besitzt auch Gott diese Neigung. Das beginnt schon in der Urgeschichte; von der Sintflut (Gen 6-8) war oben schon die Rede. Den judäischen Erzvater Abraham erschreckt Gott durch den Befehl, seinen Sohn Isaak zu opfern (Gen 22). Den israelitischen Erzvater Jakob überfällt er bei einer nächtlichen Flussüberquerung und verwickelt ihn in einen Kampf auf Leben und Tod (Gen 32,23-33). Gegen die Ägypter, die Israel versklavt haben, führt er eine Serie immer härter werdender Schläge und lässt am Ende ein ägyptisches Streitwagenkorps im Schilfmeer ertrinken (Ex 6-14). Im sogenannten Mirjamlied, welches das Schilfmeerwunder besingt, trägt Gott geradezu den Titel „Kriegsmann" (Ex 15,3). Als aber Israel sich einmal von ihm abwendet, ist er sofort bereit, das von ihm eben befreite Volk auszulöschen (Ex 32,7-10). Nach langer, entbehrungsreicher Wüstenwanderung verschafft er ihm zwar Landbesitz, aber um den Preis der Dezimierung und Vertreibung der dort lebenden Bevölkerung (Jos 1-12). Die ansässig gewordenen israelitischen Stämme unterstützt er gegen die Anfeindungen seitens benachbarter Völker, indem er Kriegshelden erweckt, welche die Probleme durch nichts anderes als Gewalt lösen (Ri 3-16). Am Ende freilich versinken die Stämme in einem Meer von Blut und Chaos, ohne dass Gott etwas unternimmt (Ri 17-21). Schließlich aber lässt er sich Könige abringen, die für Ordnung sorgen sollen. Den ersten,

Saul, wählt er selbst aus, gönnt ihm auch einige Erfolge, verwirft ihn dann aber aufgrund einiger, auf den ersten Blick marginaler, Eigenwilligkeiten (1Sam 9-15). Sauls Nachfolger David hält er dann unbeirrbar die Treue – ohne dass man den Eindruck gewänne, dieser hätte das unbedingt verdient (1Sam 16 – 2Sam 20). Bei einer ganzen Serie von Siegen über Nachbarvölker, die teilweise in schreckliche Kriegsgräuel ausarten, ist Gott angeblich „mit David" (2Sam 8,1-15). Später lässt er durch einen Propheten den General Jehu salben, der daraufhin nicht nur den amtierenden König und die Königinmutter ermordet, sondern in Gottes Namen in der Hauptstadt ein schreckliches Blutbad anrichtet (2Kön 9-10). Wegen vorangegangener Sünden lässt Gott die Königreiche Israel und Juda untergehen (2Kön 17; 25). In alledem – und auch diese Aufzählung ist keineswegs vollständig – zeigt der alttestamentliche Gott (oder das Bild, das sich die alttestamentlichen Menschen von ihm gemacht haben) eine beunruhigend gewalttätige Seite.

(b) Es gibt aber auch eine große Zahl von Gegenbeispielen, die Gott als bemüht um Möglichkeiten *gewaltfreier Konfliktlösung* zeigen. Dem ersten Menschenpaar droht er für den Fall, dass es von dem verbotenen Baum mitten im Paradies isst, den Tod an – vertreibt es dann aber „nur" aus dem Garten Eden, nicht ohne es zuvor noch fürsorglich mit Kleidung zu versehen (Gen 3). Am Brudermörder Kain vollstreckt er nicht, wie es eigentlich sein müsste, die Todesstrafe, sondern schickt ihn „nur" vom kultivierten Land hinaus in ein Nomadendasein, nicht ohne ihm zuvor fürsorglich ein Schutzzeichen aufzuprägen. Vom Erzvater Jakob, nachdem dieser seinen Bruder Esau um den väterlichen Erstgeburtssegen gebracht hat, distanziert er sich nicht, wie zu erwarten wäre, sondern würdigt ihn einer Erscheinung und versichert ihn seiner Zuwendung (Gen 28,10-22). Der Pharao, der durch Zwang dazu gebracht werden muss, das versklavte Volk Israel ziehen zu lassen, erhält doch von Plage zu Plage Gelegenheit, sich eines Besseren zu besinnen (Ex 7-12). Am Sinai erteilt Gott seinem Volk jene Tora, die zu ausgeglichenen Verhältnissen führen soll. Nach seinem Zornausbruch über Israels Tanz ums Goldene Kalb lässt er sich durch Moses Fürbitte von seinem Gerichtsbeschluss abbringen (Ex 32,11-14). Wenig später tut er Mose sein innerstes Wesen kund: In der sogenannten „Gnadenformel" beschreibt er sich als unendlich viel mehr zu Geduld und Vergebung neigend als zu Zorn und Strafe (Ex 34,6-7). Im großen Kultgesetz des Levitikus-Buchs, namentlich in den Anordnungen zum „Versöhnungstag" (Lev 16), eröffnet er seinem unweigerlich zur Sünde neigenden Volk die Möglichkeit stets neuer Annäherung an ihn und Aussöhnung mit ihm. Bei der Eroberung des Landes Kanaan sorgt er dafür oder lässt doch zu, dass bedeutende Teile der Vorbevölkerung am Leben und im Land bleiben (Jos 2; 9; 13; Ri 1). Seinem Volk sendet er in der Folge außer Kriegshelden auch Richter zur Aufrechterhaltung der inneren Ordnung (Ri 10,1-5; 12,8-15; 1Sam 7,15). Den letzten von ihnen, Samuel, lässt er sich von einer Frau abbringen, die um die Geburt dieses Sohnes regelrecht mit ihm feilscht (1Sam 1). Als sich Samuel später mit Israels Wunsch nach einem König konfrontiert sieht und sich nach Kräften sträubt, ist Gott zwar eigentlich seiner Meinung, beugt sich aber dem Willen des Volkes (1Sam 8), ja, er wählt persönlich einen geeigneten Kandidaten aus (1Sam 9-10). Freilich, nach einiger Zeit „bereut" er seine Wahl (1Sam 15,11) und möchte Saul durch einen Mann „nach seinem Herzen" ersetzen: David. Als Saul den an ihm vorbei aufsteigenden David zu jagen beginnt und dieser zu Samuel flieht, schützt Gott ihn, indem er mehrere Greifkommandos und am Ende Saul selbst – nicht etwa vom Himmel her vernichtet, sondern in prophetische Ekstase fallen und so handlungsunfähig werden lässt (1Sam 19,18-24; damit ist zu vergleichen die gewaltförmige Ausgestaltung desselben Motivs in 2Kön 1,9-12). Davids Königtum ist dann, wie oben erwähnt,

stark von Kämpfen und Kriegen geprägt, doch seinem Nachfolger Salomo gewährt Gott Frieden – und stattet ihn mit großer
Weisheit aus, die ihm in Israel prosperierende Verhältnisse zu
schaffen erlaubt (1Sam 3-5). Den Propheten Elija unterstützt Gott
zwar in seinem Kampf gegen Baal (1Kön 18), doch gleich danach
gibt er ihm Einblick in sein innerstes Wesen, als er ihm nicht in
Sturm, Erdbeben oder Feuer erscheint, sondern im „Flüstern
eines sanften Windhauchs" (1Kön 19,11-12). Einen König, der auf
Gedeih und Verderb in den Krieg ziehen will, warnt Gott durch
den Propheten Micha ben Jimla – freilich vergebens, so dass der
König fällt (1Kön 22). Der Prophet Elischa setzt seine ihm von
Gott verliehene Wundermacht betont zugunsten sozial margina-
lisierter Landsleute sowie, horribile dictu, für einen erkrankten
aramäischen General ein (2Kön 4-5). Der steten Versündigung
seines Volkes – insbesondere durch Missachtung des Ersten Ge-
bots – begegnet Gott mit enormer Langmut, die mehrmals mit
der einst an David ergangenen Verheißung begründet wird (1Kön
11,39; 15,4; 2Kön 8,19). Schließlich aber scheint seine Geduld doch
erschöpft, die Königreiche Israel und Juda gehen unter; Gott, so
sollen wir begreifen, war nicht schuld daran.

So wie der biblische Gott Konflikte bevorzugt ohne Gewalt
angeht, so sollen es auch die Menschen halten (beziehungsweise
haben es so gehalten). Der Erzvater Abraham einigt sich mit seinem Neffen Lot, als das Land für die Herden beider zu eng wird,
in nobler Weise auf eine räumliche Trennung (Gen 13). Der Ahn
Isaak kann Streitigkeiten mit den Landesbewohnern um Frauen
und um Brunnen friedlich beilegen (Gen 26). Israels Urahn Jakob
einigt sich mit seinem Onkel Laban (dem Urahn des Nachbarvolkes
Aram) auf einen Grenzvertrag (Gen 31). Jakob und sein mit ihm
verfeindeter Zwillingsbruder Esau (der Urahn Edoms) versöhnen
sich (Gen 33). Im nahezu tödlichen Streit zwischen den Jakobsöhnen
gelingt es Josef, seine gewalttätigen Brüder zur Einsicht und zur

Änderung zu bewegen, um sich dann mit ihnen auszusöhnen (Gen 37; 42-45). Mose bemüht sich beim Marsch zum Gelobten Land um ein friedlich vereinbartes Durchzugsrecht durch das Land der „Amoriter" – leider vergeblich (Num 21,21-24). Im Kriegsrecht des Deuteronomiums wird angeordnet, dass angegriffenen Städten zuerst die freiwillige Unterwerfung anzubieten ist und dass bei dann doch einsetzender Belagerung die Fruchtbäume rings um die Stadt nicht abgeholzt werden dürfen: Die Bewohner sollen auch später davon essen können (Dtn 20,10-11.19-20). Bei der Eroberung Jerichos wird das Haus einer Dirne verschont, die zuvor Späher Israels geschützt hat (Jos 2; 6,25). Saul, der erste König, begnadigt Leute, die sich gegen seine Kür ausgesprochen haben und nach seinem glänzenden Anfangssieg zur Rechenschaft gezogen werden sollen (1Sam 10,27; 11,12-13). Saul lässt sich durch seinen Sohn Jonatan von Feindseligkeiten gegen seinen Untergebenen (und Rivalen) David abbringen (1Sam 19,1-7). Als Saul später zweimal David in die Hände fällt, tötet dieser ihn nicht, obwohl ihm seine Getreuen dazu raten (1Sam 24; 26). Auch gegenüber dem Landlord Nabal, der ihn beleidigend behandelt hat, verzichtet David auf Rache (1Sam 25). Ein Krieg, den er gegen den saulidischen Norden führen lässt, wird abgebrochen, als ein Heerführer den anderen fragt: „Soll denn das Schwert für immer fressen? Weisst du nicht, dass am Ende Bitterkeit bleibt?" (2Sam 2,26). Von Morden, die angeblich zu Davids Gunsten verübt wurden, distanziert sich dieser mit Schärfe (2Sam 1,1-16; 3,31-39; 4,1-12). Mit Gegnern, die sich anlässlich des Abschalom-Aufstandes von ihm losgesagt haben, verfährt er schonend (2Sam 16,1-14; 19,17-31). Er führt gegen Nachbarländer nicht nur Krieg, sondern verständigt sich mit einigen von ihnen auch friedlich (2Sam 3,3; 8,9-10; 13,38-39). Nach seinem schwersten Fehltritt – dem Ehebruch mit Batscheba und der Ermordung ihres Ehemannes Urija – lässt er sich die Zurechtweisung durch den Propheten Natan gefallen und zeigt Reue: ein bei Machthabern

nicht eben häufiges Verhalten (2Sam 12,1-15a). Gegen seinen auf-
rührerischen Sohn Abschalom leistet er zwar Gegenwehr, will aber
unter allen Umständen dessen Leben schonen – was, als dies nicht
gelingt, zu einem anrührenden Trauerausbruch führt (2Sam 18-
19). Dem zähen Ringen einer Nebenfrau Sauls um die ordentliche
Bestattung ihrer hingerichteten Söhne gibt er am Ende statt (2Sam
21,1-14). Unter seinem Nachfolger Salomo tritt nach der biblischen
Darstellung eine Zeit des Friedens und des Wohlstands ein (1Kön
5,5). Salomos große Weisheit lässt ihn zu dem sprichwörtlich
weisen Urteil im scheinbar unlösbaren Streit zweier Frauen um
ein Kind finden (1Kön 3). Auch spätere Könige Judas zeigen sich
weise und friedfertig; einige vermeiden drohende Waffengänge:
mit dem Bruderreich Israel (2Kön 14,8-10), mit dem Nachbarland
Aram (1Kön 20,1-12) und mit der Großmacht Assur (2Kön 18,13-
16). Als einmal eine aramäische Heeresabteilung unversehens
in die Stadt Samaria gerät und dort eingeschlossen wird, ordnet
der israelitische König auf prophetisches Anraten hin nicht ihre
Tötung an, sondern ihre Verpflegung und Entlassung – mit dem
Erfolg, dass „die Streifscharen Arams nicht mehr ins Land Israels
kamen" (2Kön 6,19-23). Die Witwen Noomi und Rut, eine jüdische
Schwiegermutter und ihre moabitische Schwiegertochter, finden
zu schwesterlichem Miteinander und erreichen die Aufnahme
in Noomis Herkunftsclan (Rut 1-4). Die Jüdin Ester vermag mit
Klugheit und Entschlossenheit den Perserkönig Xerxes von einem
Pogrom gegen die Judenschaft seines Reiches abzuhalten (Est 5-6).
Im Hiobbuch schließlich (mit seiner Rahmenerzählung in Hiob 1-2;
42) ringt ein von furchtbaren Schicksalsschlägen Getroffener mit
seinen Freunden um die Frage nach Sinnhaftigkeit oder Sinnlo-
sigkeit des Leidens; sie bleiben aber immer auf der verbalen Ebene,
und schließlich findet die Geschichte ein gutes Ende.

Auch diese positiven Beispiele ließen sich vermehren. Sie machen
deutlich, dass und wie sich auch in hoch aufgeladenen Konfliktsi-

tuationen Wege zu gewaltfreier Lösung finden lassen. So werben die biblischen Erzähler dafür, der dem Menschen inhärenten Neigung zur Gewalt nicht nachzugeben, sondern sie zu bändigen und zu überwinden.

4   Zwei herausragende Beispiele gewaltfreier Konfliktbewältigung: Josef und David

Aus den eben aufgeführten Fällen gewaltfreier Konfliktbewältigung sollen abschließend zwei besonders eindrückliche näher betrachtet werden: die Josefsgeschichte und die Trilogie vom Gewaltverzicht in 1Sam 24-26.

(a) Die *Josefsgeschichte*, die das dritte Drittel des Buches Genesis ausmacht (Gen 37-50), ist eine höchst kunstvolle Großerzählung. Man spricht gern von „Novelle", insofern es sich nicht um eine kurze, in sich geschlossene Erzählung, sondern um einen größeren Erzählzusammenhang mit einer Reihe verschiedener Episoden und doch einer sehr gezielten Perspektive handelt (ansonsten man vielleicht von einem Roman zu sprechen hätte – so wie Thomas Mann ihn in seiner gewaltigen Trilogie „Joseph und seine Brüder" geschaffen hat).

Man kann beides: die Josefsgeschichte für sich, als eigenständige Novelle, oder in ihrem jetzigen, größeren Zusammenhang lesen. In diesem stellt sie einen Brückentext dar zwischen den Erzelterngeschichten (Gen 12-36) und der Mose- oder Exodusgeschichte (ab Ex 1). Sie erklärt, wie es von den drei Erzvätern und ihren Familien, die im Land Kanaan als Herdenbesitzer leben, zu dem Volk Israel kommt, das in Ägypten in Sklaverei gerät und unter der Führung Moses aufbricht ins Gelobte Land (eben wieder Kanaan). Die

Antwort der Josefsgeschichte: Einer der zwölf Jakobsöhne wurde
nach Ägypten verschlagen, seine Brüder folgten ihm nolens volens
dorthin nach, und schließlich zog Vater Jakob mit der gesamten
Großfamilie an den Nil: die Keimzelle Israels, das in Ägypten
zahlreich wurde und schließlich auswanderte.

Wahrscheinlich wurde die Josefsgeschichte erst sekundär in diesen weiten Erzählbogen von den Erzeltern zum Exodus eingestellt
– und dabei auch umgeformt. Wichtig ist, dass es eine Grundnovelle
gab, die sich um das Thema „Konflikte und Konfliktlösung in einer Familie" drehte. Da ist ein Vater mit einer Reihe von Söhnen
(Töchter kommen nicht vor), von denen ihm einer, der vorletzte,
besonders lieb ist. Er bevorzugt ihn gegenüber den anderen, wofür
ein besonders schönes, festliches Gewand das Symbol ist, das nur
er bekommt – und das zum Auslöser heftigen Neides seitens der
Brüder wird. Josef, das naive oder kecke Glückskind, reizt diese
noch zusätzlich mit dem Bericht von Träumen, die ihn in künftiger
Vorrangstellung vor ihnen zeigen. (Träume bedeuten oft *sehr* viel
im Alten Orient – gerade auch in der Josefsgeschichte.) Bei einer
passenden Gelegenheit schaffen die Brüder Josef aus dem Weg:
um ein Haar final, dann aber „nur" per Verkauf in die Sklaverei
– auch dies ein todeswürdiges Verbrechen. So muss Josef seinen
Hochmut bitter büßen. Doch in der Fremde arbeitet er sich vom
Sklaven hoch (beziehungsweise wird er durch das Schicksal/Gott
emporgehoben) bis auf den Posten des Vize-Pharaos, auf dem er
sich außerordentlich bewährt. Er macht zwar die Bauern des Landes
zu Leibeigenen, baut dafür aber eine zentrale Vorratswirtschaft auf,
die beim Auftreten einer Hungersnot nicht nur die eigene Bevölkerung, sondern auch die der umliegenden Länder am Leben erhält.
In der Not kommen auch seine Brüder, um Getreide zu kaufen. Sie
erkennen in dem hohen ägyptischen Herrn ihren Bruder nicht, er
sie aber wohl. Es beginnt ein nervenaufreibendes Versteckspiel, in
dem er sie scheinbar erbarmungslos so in die Enge treibt, dass sie

eigentlich ihr Verbrechen von damals wiederholen müssten – oder
aber zur Einsicht in dieses kommen, es bereuen und sich von Grund
auf ändern. Sie tun das Letztere, und erst daraufhin kann er sich
zu erkennen geben und sich mit ihnen versöhnen. *Ohne* tiefgreifende Veränderung beider Konfliktparteien also keine Behebung
des Konflikts, kein friedvolles Zusammenleben, *mit* Umkehr aber
doch: das ist die Botschaft der Josefsgeschichte.

(b) Die Trilogie vom Gewaltverzicht in *1Sam 24-26* ist, anders als
die Josefsgeschichte, aus mehreren Einzelüberlieferungen zusam-
mengesetzt – wie überhaupt die Davidgeschichte keine in einem
Guss geschaffene Novelle, sondern eine Komposit-Erzählung ist:
geschöpft aus verschiedenen Quellen und dann zu einem Ganzen
geformt. Der erste Großerzähler nun, von mir „Höfischer Erzähler"
genannt, malt in 1Sam 24-26 eine wichtige Facette in dem von ihm
entworfenen Gesamtbild der Persönlichkeit Davids aus. Dieser
ist in seinen Augen zwar ein außergewöhnlicher, gotterwählter
Herrscher, aber kein Übermensch, vielmehr fehlbar, belastet insbesondere durch eine notorische Neigung zur Gewalt; an ihn heften
sich bedenklich viele Geschichten von Kämpfen, Kriegen, Razzien,
Morden und Skandalen. Ein purer, blutiger Gewaltmensch ist er
gleichwohl nicht. Die entscheidende Lektion in Sachen Gewaltverzicht erteilt ihm eine Frau: Abigajil. Ihr gelingt es (im Mittelteil der
Trilogie, 1Sam 25), den rache- und blutlüsternen *Warlord* von dem
geplanten Massaker an allen, die bei Nabal „an die Wand pissen",
abzuhalten. Dazu bedient sie sich einer raffinierten Mischung aus
Unterwürfigkeit und Zielstrebigkeit, Sanftheit und Bestimmtheit,
Großzügigkeit und Schlauheit. Und David ist, immerhin, fähig, auf
sie zu hören, sich von ihr umstimmen zu lassen. Ihr Mann Nabal
bleibt zwar auf der Strecke, dies aber ganz ohne Davids Zutun; so
kann er am Ende diese kluge Frau ehelichen, ohne dass ein mo-
ralischer Schatten auf ihn fällt. Ob es historisch wirklich so war,

steht dahin; der Schriftsteller legt aber großen Wert darauf, dass es so gewesen sei: David soll nicht ein weiterer Gewaltherrscher sein, wie die Erde so viele gesehen hat, sondern ein Mann, der seine Emotionen beherrschen kann und seine Macht nicht missbraucht.

Die beiden Seitenkapitel der Erzähltrilogie, 1Sam 24 und 26, zeigen gleichsam den Transfer des von Abigajil propagierten Gewaltverzichts auf das gewaltknisternde Verhältnis zwischen David und seinem früheren Herrn und jetzigen Rivalen Saul. Zweimal kommt David – einmal per Zufall, einmal ganz gezielt – in die Lage, diesem den Garaus machen zu können. Beide Male wird ihm dies auch geraten, einmal mit überaus frommen Worten: „Dies ist die Gelegenheit, die Gott dir geschenkt hat!". Doch David verbietet beide Male den Seinen, sich am König zu vergreifen. Er selbst benutzt die Waffe nur, um Saul einen Mantelzipfel abzuschneiden (als Beweisstück seiner Unschuld), das andere Mal entwendet er Sauls Kriegswaffe (um sie gleichfalls als Beweisstück zu gebrauchen). Saul wird am Ende ebenso ums Leben kommen wie Nabal – doch David hat seine „Hand nicht ausgestreckt gegen den Gesalbten Jhwhs". So kann er am Ende auf dessen Thron gelangen, ohne sich je an ihm vergriffen zu haben. Ob es historisch wirklich so war, steht wiederum dahin; der Schriftsteller legt aber auch hier großen Wert darauf, dass es so gewesen sei: David soll nicht einer jener Usurpatoren sein, die sich skrupellos den Weg nach oben bahnen, sondern ein Mann, der seinen Ehrgeiz zu zügeln vermag und die Macht nicht mit Gewalt an sich reißt.

In allen drei Kapiteln halten die Hauptfiguren lange Reden (wobei Reden ein bevorzugtes Mittel des Höfischen Erzählers sind, in die von ihm erzählten Geschichten seine eigene Meinung einzutragen). David erklärt ausführlich, warum er Saul zweimal verschont hat (1Sam 24,7.10-16; 26,9-11.18-20.22-24). Diese Reden wirken im Erzählkontext ziemlich situationsfremd: Wer in solcher Lage so viel redet, setzt sein Leben aufs Spiel. Doch der Gesamt-

erzähler will David unbedingt als einen darstellen, der den Weg
gewaltfreier Konfliktlösung bewusst geht. Und er will, dass Saul
sich darauf einlässt (1Sam 24,18-22; 26,21.25): sei es aus Einsicht,
sei es zum Schein. So lassen die beiden Rivalen Argumente anstelle
von Waffen sprechen. In dem Mittelkapitel redet vor allem Abigajil
(1Sam 25,24-31). Sie redet um ihr und ihrer Untergebenen Leben. Sie
redet dem wutschnaubenden Kriegsherrn ins Gewissen. Sie redet
von einer großen Zukunft dieses Mannes, die nicht durch einen
Massenmord an Farmersleuten belastet sein soll. David redet viel
kürzer (1Sam 25,32-34) – er kommt gegen diese Frau rhetorisch
nicht an. Der Gesamterzähler will einen Helden haben, der zu-
zuhören vermag und sich korrigieren lässt, der Leben verschont,
statt es zu vernichten.

In meinen Augen verdiente es diese Erzähltrilogie viel mehr als
die berühmte Erzählung vom Sieg über Goliat, zum Emblem des
„Königs David" zu werden: des Mannes, der nicht in erster Linie
die Schleuder beherrscht, sondern sich selbst.

5   Fazit

Die Hebräische Bibel besitzt tatsächlich eine starke Affinität zur
Gewalt. Vom privaten, familiären über den gesellschaftlichen bis
zum staatspolitischen und internationalen Bereich schildert sie
zahlreiche Fälle gewaltsamer Austragung von Konflikten. Interes-
sengegensätze stauen sich an, doch statt über die widerstreitenden
Interessen zu reden und Möglichkeiten eines Interessenausgleichs
auszuloten, schlägt der jeweils Schnellere oder Stärkere zu und
schaltet den anderen aus. Dass daraus kaum Friede werden kann,
liegt auf der Hand. Die unterlegene Seite wird auf Revanche und
Umkehrung der gewaltsam hergestellten Verhältnisse sinnen.
Gewalt gegen Gewalt, Vergeltung für erlittenes Unrecht – das ist

es, was heute jeden Tag zu erleben ist und was auch das alte Israel
unzählige Male erlebt hat. Und oft genug hat es den Anschein,
als hätten die biblischen Autoren gegen dieses Vorgehen nichts
einzuwenden. Die Bibel ist kein Buch reiner Demut und Sanftmut.
Gerade darin aber ist sie realistisch: So sind die Menschen, so waren
sie schon damals. Und so sahen sie auch Gott: als einen, der im
Konfliktfall zu ihnen hielt und ihre Gegner bekämpfte.

Das ist die eine Seite. Der biblische Gott zeigt indes auch eine
andere, der Gewalt abgeneigte Seite; nach verschiedenen Zeugnis-
sen – namentlich der sogenannten Gnadenformel in Ex 34,6-7 – ist
sie sogar die sein Wesen bestimmende. Statt ungnädig und zornig
gegen ihm widerstrebende Elemente vorzugehen, wirbt er um sie
und will sich mit ihnen versöhnen. Erzählungen, nach denen Gott
aktiv an Kriegen mitwirkt, nehmen im Lauf der biblischen (Litera-
tur-)Geschichte eher ab. Es ist, als zöge er sich in Israels Wahrnehmung aus diesem Feld mehr und mehr zurück und überlasse das
Kriegführen Menschen: Königen, Generälen, Armeen. Der Krieg
wird profan, Gott für den Krieg zu heilig. Gott liebt den Frieden;
unter Kriegen und Gewalt leidet er, zusammen mit seinem Volk
oder sonst betroffenen Menschen. Tiefen Ausdruck findet dies in
der Gestalt des „leidenden Gottesknechts" im Buch des Exilspro-
pheten Deuterojesaja, der als Gottes Beauftragter Ablehnung und
Verfolgung erfährt und schließlich gar umgebracht wird, eben
dadurch aber „den Vielen Gerechtigkeit" schafft (Jes 53,11). Diese
geheimnisvoll machtlos-mächtige Figur wird im Neuen Testament
zum Deutungsmuster für das Wirken und Leiden Christi (Apg 8).

Genauso wie Gott, so „pazifiziert" sich im Lauf der Zeit anscheinend auch Israel. Ein äußerer Grund dafür mag der zunehmende
Verlust an staatlicher Eigenständigkeit und damit an militärischen
Machtmitteln sein. Aber auch sonst lernt Israel, Konflikte statt
mit Gewalt durch verbalen Austausch und sachlichen Ausgleich
zu lösen. Dabei, das sei betont, bedeutet Gewaltlosigkeit nicht

unbedingt Machtlosigkeit; um die beiden eben näher vorgestellten Beispiele noch einmal aufzunehmen: Sowohl Josef als auch David verfügen im Augenblick des Zusammenstoßes mit ihren Widersachern über Macht, verzichten aber darauf, sie einzusetzen. Offenkundig gilt solchem Verhalten die Sympathie der biblischen Erzähler. So machen sie zahlreiche ihrer Erzählfiguren – voran Josef und David, aber auch andere – zu Vorbildern für ein den Gegner nicht überwältigendes, sondern verwandelndes Austragen zwischenmenschlicher Konflikte.

Dies mag abschließend an einer Geschichte noch einmal aufgezeigt werden, bei der Gott und Menschen in der friedfertigen Lösung eines Konflikts eng zusammenwirken: diejenige von der Versöhnung zwischen den Zwillingsbrüdern Jakob und Esau (Gen 27-33). Der jüngere Jakob hat den älteren Esau um das Erstgeburtsrecht und den Erstgeburtssegen betrogen, worauf dieser ihm tödliche Rache schwor. Jakob musste ins Ausland fliehen. Dort gründete er eine vielköpfige Familie und wurde reich. Bei der Rückkehr in die Heimat aber musste er seinem Bruder begegnen. Tatsächlich kommt dieser ihm mit 400 Mann entgegen: einer regelrechten Streitmacht. In der Nacht vor dem Zusammentreffen hat Jakob einen gefährlichen Ringkampf zu bestehen – es ist nicht ganz klar mit wem: einem Gottesboten oder gar Gott selbst. Er kann seinem Gegner zwar Segen abringen, doch verletzt dieser ihn an der Hüfte derart schwer, dass er fortan hinkt. Der vermeintliche Schade wirkt sich indes zum Guten aus: Anscheinend berührt das Bild des hinkenden Bruders Esau derart, dass er, statt den alten Konflikt gewaltsam zu Ende zu bringen, sich freundlich und friedfertig zeigt. Er nimmt ein Versöhnungsgeschenk Jakobs entgegen, und beide trennen sich friedlich. Dieser Ausgang ist umso bemerkenswerter, als die beiden Brüder Urväter zweier Völker sind, die sich in der realen Geschichte allermeist feindselig gegenüberstanden: Israel

und Edom. Die Erzählung von der Versöhnung der beiden Ahn-
herren hat etwas Kontrafaktisches und darin Paradigmatisches.

Das Neue Testament musste Wege zu friedfertiger Konfliktlösung nicht erst entwickeln, es brauchte die im Alten Testament
eingeschlagenen nur konsequent weiterzugehen. Dabei gelangte es
zu Spitzenaussagen wie der von der über die Nächstenliebe noch
hinausgehenden Feindesliebe (Mt 5,43-45). Damit ist keineswegs
gemeint, man habe feindselige Handlungen immer still duldend
hinzunehmen; vielmehr soll der Feind durch den Verzicht auf
Gewalt überrascht und zur Änderung seines Verhaltens bewegt
werden. Dies zeigen etwa die Maximen Mt 5,38-41, die mitnichten
Anweisungen zu bedingungsloser Unterwürfigkeit sind, sondern
zu stark-sanftem Widerstehen. So lebte Jesus es vor (Lk 23,34), und
Christinnen und Christen sollten ihm nachleben.

Vertiefende Literatur

Baumann, Gerlinde. 2006. *Gottesbilder der Gewalt im Alten Testament
    verstehen*. Darmstadt: Wissenschaftliche Buchgesellschaft.
Carroll, Daniel M. und J. Blair Wilgus (Hrsg.). 2015. *Wrestling with the
    Violence of God*. Winona Lake, IN: Eisenbrauns.
Dietrich, Walter. 2009. Israel, seine Ahnen und die Völker. Ambivalenz
    als Grundkategorie der biblischen Erzelternerzählungen und der
    Erfahrungen Israels mit seinen Nachbarn. In *Ambivalenzen erkennen,
    aushalten und gestalten*, hrsg. von Walter Dietrich, Kurt Lüscher und
    Christoph Müller, 73–128. Zürich: Theologischer Verlag.
Dietrich, Walter. 2013a. Im Zeichen Kains. Gewalt und Gewaltüber-
    windung in der Hebräischen Bibel. In *Gottes Einmischung*, hrsg. von
    Walter Dietrich, 183–202. Neukirchen-Vluyn: Neukirchener Theologie.

Dietrich, Walter. 2013b. Legitime Gewalt? Alttestamentliche Perspektiven. In *Gottes Einmischung*, hrsg. von Walter Dietrich, 203–222. Neukirchen-Vluyn: Neukirchener Theologie.

Dietrich, Walter und Christian Link. 2015. *Die dunklen Seiten Gottes. I: Willkür und Gewalt*. 6. Aufl. Neukirchen-Vluyn: Neukirchener Theologie.

Dietrich, Walter und Moisés Mayordomo. 2005. *Gewalt und Gewaltüberwindung in der Bibel*. Zürich: Theologischer Verlag.

Görg, Manfred. 1995. *Der un-heile Gott. Die Bibel im Bann der Gewalt*. Düsseldorf: Patmos.

Janowski, Bernd. 2017. Schuld und Versöhnung. In *Die Welt der Hebräischen Bibel*, hrsg. von Walter Dietrich, 353–369. Stuttgart: Kohlhammer.

Katholisches Institut für berufsorientierte Religionspädagogik, Universität Tübingen (Hrsg.). 2018. *Religion und Gewalt. Bausteine für den Religionsunterricht an berufsbildenden Schulen*. Göttingen: Vandenhoeck & Ruprecht.

Lohfink, Norbert (Hrsg.). 1983. *Gewalt und Gewaltlosigkeit im Alten Testament*. Freiburg i. Br.: Herder.

Otto, Eckart. 1999. *Krieg und Frieden in der Hebräischen Bibel und im Alten Orient*. Stuttgart: Kohlhammer.

Weder, Hans. 1987. *Die „Rede der Reden". Eine Auslegung der Bergpredigt heute*. 2. Aufl. Zürich: Theologischer Verlag.

Möglichkeiten und Grenzen ziviler Konfliktbearbeitung auf Mikro-, Meso- und Makroebene

Ute Finckh-Krämer

1 Einleitung

Konflikte sind allgegenwärtig, auf jeder Ebene der Gesellschaft. Jeder Mensch ist beständig davon betroffen beziehungsweise an Konflikten beteiligt. Es gibt eine unübersehbare Vielfalt von Konfliktanlässen, -ursachen, -austragungsformen, -beteiligten und -lösungen. Manche Konflikte sind strukturell so angelegt, dass sie sich nicht dauerhaft „lösen" lassen, sondern immer wieder neu – möglichst konstruktiv – ausgetragen werden müssen. Ein Beispiel dafür sind Tarifauseinandersetzungen, die in der Regel zu zeitlich befristeten Tarifabschlüssen führen. Jedes Mal, wenn ein Tarifvertrag ausläuft, muss der Konflikt neu ausgetragen werden.

Die meisten Konflikte auf der Welt werden ohne Gewalt im engeren Sinne ausgetragen, auch wenn sich die Debatte um zivile Konfliktbearbeitung in Deutschland immer wieder auf die Prävention, Bearbeitung oder Deeskalation von Gewaltkonflikten zuspitzt. Umgekehrt gibt es auch Gewaltanwendung ohne Konflikt zwischen Täter und Opfer, etwa bei Raubüberfällen.

Die Eskalationsstufen nach Friedrich Glasl (vgl. den Beitrag von Martin Quack in diesem Band) lassen sich bemerkenswerter Weise in sehr unterschiedlichen Konflikten identifizieren, vom Ehestreit bis zum zwischenstaatlichen Konflikt. Dementsprechend lassen sich auch die Methoden der Konfliktanalyse und Konfliktbearbeitung auf allen Ebenen der Gesellschaft anwenden. Zum Beispiel wurde Mediation als Verfahren, in dem ein oder mehrere neutrale Vermittlerinnen und Vermittler die Konfliktbeteiligten darin unterstützen, eine für alle akzeptable Lösung des Konflikts zu finden, ursprünglich für Konflikte in Familien oder Nachbarschaften, auf Schulhöfen oder am Arbeitsplatz, also auf der Mikroebene der Gesellschaft, entwickelt. Dann wurden Mediationsverfahren auch bei Konflikten um industrielle oder städtebauliche Großprojekte, also auf der gesellschaftlichen Mesoebene, eingesetzt. Inzwischen wird Mediation von entsprechend ausgebildeten Diplomatinnen und Diplomaten beziehungsweise Mediatorinnen und Mediatoren auch in inner- und zwischenstaatlichen Konflikten eingesetzt, und es gibt im *UN Department of Political and Peacebuilding Affairs* (DPPA) eine *Mediation Support Unit* und ein *Standby Team of Senior Mediation Advisers*.[1]

Im Folgenden wird – ausgehend von der Klärung des Begriffs der zivilen Konfliktbearbeitung – aufgezeigt, dass und wie zivile Konfliktbearbeitung auf der Mikro-, Meso- und Makroebene der Gesellschaft zur Reduzierung von Gewalt und zu mehr Gerechtigkeit beitragen kann. Zivile Konfliktbearbeitung wird dabei als Prozess, nicht als Methode verstanden und entspricht damit einem prozessualen Verständnis von Frieden.

---

1   https://peacemaker.un.org/mediation-support. Zugegriffen: 13. August 2019.

2   Zum Begriff der zivilen Konfliktbearbeitung

Der Begriff zivile Konfliktbearbeitung ist im deutschen Sprachraum in den 1990er Jahren entstanden (vgl. Weller 2007, S. 69). Er griff eine Debatte auf, die im englischsprachigen Raum unter dem Begriff „conflict prevention" geführt wurde und wird. Ein wichtiger Anstoß für diese Debatte war 1992 der Bericht des damaligen UN-Generalsekretärs Boutros Boutros Ghali „An Agenda for Peace" (UN-Dok. A/47/277 – S/24111 vom 17. Juni 1992). Da im Englischen „conflict" meist einen mit Gewalt ausgetragenen Konflikt bezeichnet, wurde dieser Begriff teilweise als „Konfliktprävention" ins Deutsche übersetzt, was den Kern der Debatte aber nicht trifft. Es spricht natürlich nichts dagegen, dass Einzelpersonen, Organisationen sowie Regierungen und Parlamente Entscheidungen auch unter dem Aspekt durchdenken, ob Konflikte verursacht oder verschärft werden. Auch und gerade bei politischen Entscheidungen ist es sehr sinnvoll, eventuell daraus resultierende Konflikte zu antizipieren und entweder die Entscheidungen zu modifizieren oder die sich abzeichnenden Konflikte bereits im Ansatz so zu bearbeiten, dass sie nicht unkalkulierbar eskalieren. In der englischsprachigen Debatte ging und geht es aber um die Prävention gewaltsam ausgetragener Konflikte, für die es streng genommen zwei Ansatzpunkte gibt: die Verhinderung des Konfliktes an sich oder die Verhinderung einer gewaltsamen Austragung.

Bei der zivilen Konfliktbearbeitung steht die konstruktive Austragung von Konflikten und damit die Verhinderung von beziehungsweise der Verzicht auf Gewalt im Fokus. „Zivil" ist hier nicht nur als Gegenbegriff zu „militärisch" gemeint, sondern auch im Sinne von „Zivilgesellschaft", wobei staatliche und internationale Akteure ebenfalls eine Rolle in der zivilen Konfliktbearbeitung spielen können und dürfen. Im Aktionsplan „Zivile Krisenprävention,

Konfliktlösung und Friedenskonsolidierung" der Bundesregierung vom 12. Mai 2004 findet sich folgende Kurzdefinition:

> „Konfliktbearbeitung ist der Versuch, regulierend, gewaltverhindernd und -beendend auf die Art des Konfliktaustrages einzuwirken. Konfliktbearbeitung zielt auf die Herbeiführung konstruktiver Lösungen, von denen alle Beteiligten profitieren können. Zivile Konfliktbearbeitung verfolgt diese Zielsetzungen ohne den Einsatz militärischer oder anderer gewaltsamer Mittel."[2]

Als detailliertere Definition des Begriffs „zivile Konfliktbearbeitung" bietet sich die Definition an, die Christoph Weller in seinem Aufsatz aus dem Jahr 2007 aus der Diskussion seit 1992 herausgearbeitet hat. Danach hat zivile Konfliktbearbeitung drei Dimensionen: Form, Akteure und Prozesscharakter. Für die Form ist der Verzicht auf den Einsatz von Gewalt das entscheidende Merkmal. Die Akteure können staatlich oder nichtstaatlich sein, wobei Weller aus damaliger Sicht formuliert:

> „Bei der Frage nach den Akteuren Ziviler Konfliktbearbeitung – als zweiter Dimension – geht es weniger um solcher Art Grenzziehungen als vielmehr um konzeptionelle Erweiterungen. Ganz offensichtlich spielen nichtstaatliche (zivilgesellschaftliche) Akteure für die Zivile Konfliktbearbeitung eine zentrale Rolle. […] Dies bedeutet jedoch nicht, dass Zivile Konfliktbearbeitung allein ein Aufgabenfeld nichtstaatlicher Akteure wäre. Doch wenn die Regelung gesellschaftlicher sowie inter- und transnationaler Konflikte vielfach primär als Aufgabe des Staates und seiner Institutionen angesehen wird, lenkt der Begriff Zivile Konfliktbearbeitung die Aufmerksamkeit auf das große, ergänzende Potenzial gesellschaftlicher und transnationaler Akteure für die Verhinderung von Ge-

---

2   https://www.auswaertiges-amt.de/blob/217534/34f381909cf90443fa3e-91e951cda89d/aktionsplan-de-data.pdf. Zugegriffen: 25. August 2019.

walt und die Gewährleistung eines gewaltfreien Konfliktaustrags"
(Weller 2007, S. 69f.).

Die dritte Dimension – der Prozesscharakter der zivilen Konfliktbearbeitung – enthält gleichzeitig ihr normatives Ziel: eine
dauerhaft gewaltfreie, konstruktive Austragung von Konflikten,
die als individuelle und gesellschaftliche Norm etabliert wird.
Damit entspricht sie der Definition von Frieden als Prozess in der
Friedensdenkschrift der Evangelischen Kirche in Deutschland
(EKD 2007, Ziff. 80):

> „Friede ist kein Zustand (weder der bloßen Abwesenheit von Krieg,
> noch der Stillstellung aller Konflikte), sondern ein gesellschaftlicher
> Prozess abnehmender Gewalt und zunehmender Gerechtigkeit –
> letztere jetzt verstanden als politische und soziale Gerechtigkeit,
> d. h. als normatives Prinzip gesellschaftlicher Institutionen."

Daraus ergibt sich, dass zivile Konfliktbearbeitung nicht einfach
alle zivile Aktivitäten in Konfliktregionen (Arbeiten im Konflikt)
bezeichnet, sondern nur die, die sich konkret auf den Prozess der
Konfliktbearbeitung beziehungsweise der Konflikttransformation
beziehen. Humanitäre Hilfe ist daher nicht automatisch zivile
Konfliktbearbeitung, kann allerdings ein Element davon sein,
zum Beispiel in Situationen, in denen die Basisversorgung von
Flüchtlingen oder intern Vertriebenen bewusst so organisiert wird,
dass Konflikte innerhalb dieser Gruppen oder mit der Bevölkerung
der aufnehmenden Region reduziert werden, so dass niemand
durch Gewaltanwendung oder Drohung mit Gewalt eine bessere
Versorgung auf Kosten anderer erzwingen kann.

  Aus den drei Dimensionen des Begriffs zivile Konfliktbearbeitung ergibt sich übrigens auch, dass es eine zivile Konfliktbearbeitung im Inland (das heißt im eigenen Land) geben kann und darf.
Dementsprechend hat die Plattform Zivile Konfliktbearbeitung

seit 2005 eine Arbeitsgruppe zu diesem Thema. Spätestens mit der Verabschiedung der Agenda 2030 (*Sustainable Development Goals*, SDGs) in der Generalversammlung der Vereinten Nationen am 25. September 2015 ist deutlich geworden, dass Frieden und Gerechtigkeit im Sinne eines Prozesses der Verminderung von Not und Gewalt sowie der Zunahme von Gerechtigkeit und der Akzeptanz verschiedener Kulturen beziehungsweise Lebensweisen für alle Staaten der Erde relevant ist. SDG 16 lautet in der deutschen Übersetzung:

> „Friedliche und inklusive Gesellschaften im Sinne einer nachhaltigen Entwicklung fördern, allen Menschen Zugang zur Justiz ermöglichen und effektive, rechenschaftspflichtige und inklusive Institutionen auf allen Ebenen aufbauen."[3]

Das betrifft nicht nur den Globalen Süden, auch in den Staaten des Globalen Nordens ist noch einiges zu verbessern, wozu nicht nur staatliche, sondern auch zivilgesellschaftliche Akteure erforderlich sind.

3   Zivile Konfliktbearbeitung – das Zusammenwirken von Staat und Zivilgesellschaft auf der Mikro-, Meso- und Makroebene

Zivile Konfliktbearbeitung in den oben skizzierten drei Dimensionen setzte zunächst meistens auf der Graswurzel- beziehungsweise *Mikroebene* der Gesellschaft an. Das gilt insbesondere für die Projekte, die aus den zwei bekanntesten staatlichen deutschen

---

3   http://www.bmz.de/de/themen/2030_agenda/17_ziele/ziel_016_frieden/ index.html. Zugegriffen: 8. November 2019.

Förderprogramme für zivile Konfliktbearbeitung außerhalb Deutschlands finanziert werden: dem Zivilen Friedensdienst[4], der 1998 als Fachdienst der Entwicklungszusammenarbeit eingeführt wurde, und dem seit 1999 bestehenden Förderprogramm zivik (zivile Konfliktbearbeitung)[5], das vom Institut für Auslandsbeziehungen aus Mitteln des Auswärtigen Amtes durchgeführt wird. Die Liste der geförderten Aktivitäten ist lang, sie reicht von Trainingsprogrammen für gewaltfreie Konfliktbearbeitung bis zu unbewaffnetem Schutz von gefährdeten Einzelpersonen oder Gruppen, von der Arbeit an konkreten lokalen Konflikten bis zur Unterstützung der Reintegration von (Bürger)Kriegsveteranen in die jeweilige Gesellschaft.

Einige der geförderten Projekte setzen auch auf der *Mesoebene* der jeweiligen Gesellschaft an, etwa Projekte, die einen konfliktsensiblen Journalismus fördern oder (Bürger)Kriegsveteranen darin unterstützen, öffentlich für einen gewaltfreien Umgang mit Konflikten zu werben („Fighters for Peace"). Der Zivile Friedensdienst (ZFD) zeigt übrigens, dass zivile Konfliktbearbeitung in Deutschland auch von staatlichen Akteuren – im konkreten Fall von der Gesellschaft für Internationale Zusammenarbeit (GIZ), einer GmbH, die im Auftrag des BMZ arbeitet – betrieben wird.

Überwiegend durch staatliche Akteure oder in direkter, enger Zusammenarbeit mit ihnen erfolgt zivile Konfliktbearbeitung auf der *Makroebene*. Ein aktuelles Beispiel ist die Unterstützung der Dialogprozesse in Afghanistan, die einen Friedensprozess und Friedensverhandlungen ermöglichen beziehungsweise vorbereiten sollen. Auch die finanzielle und personelle Unterstützung der *Mediation Support Unit* des *UN Department of Political and Pea-*

---

4   https://www.ziviler-friedensdienst.org/de.
5   https://www.ifa.de/foerderung/zivik/.

cebuilding Affairs bezieht sich auf Konflikte, die sich auf staatlicher oder zwischenstaatlicher Ebene abspielen.

Es gibt in Deutschland eine Vielfalt von Akteuren, die in zum Teil langjähriger Zusammenarbeit mit Partnerorganisationen in Konfliktregionen zivile Konfliktbearbeitung betreiben, weit über die durch den ZFD-Haushaltstitel oder zivik geförderten Projekte hinaus. Dazu gehören zum Beispiel kirchliche Organisationen wie Brot für die Welt oder Misereor, politische Stiftungen (insbesondere die Heinrich-Böll-Stiftung und die Friedrich-Ebert-Stiftung) und die *Berghof Foundation*. Sie bringen meistens Eigenmittel aus Spenden oder ihrer Grundfinanzierung mit, ebenso wie viele kleinere Organisationen, die im Bereich zivile Konfliktbearbeitung aktiv sind. Über den Zivilen Friedensdienst hinaus gibt es zahlreiche aus dem Haushalt des Bundesministeriums für wirtschaftliche Zusammenarbeit und Entwicklung (BMZ) finanzierte und von den Entsendeorganisationen der Entwicklungszusammenarbeit durchgeführte Projekte, deren Hauptziel es ist, Konfliktursachen zu reduzieren und Friedensprozesse zu unterstützen. Auch im Haushalt des Auswärtigen Amtes gibt es weitere Haushaltsmittel, die zumindest teilweise für zivile Konfliktbearbeitung genutzt werden können, zum Beispiel der Titel „Ausbau der Zusammenarbeit mit der Zivilgesellschaft in den Ländern der östlichen Partnerschaft und Russland" oder der Titel „Transformationspartnerschaften, insbesondere Nordafrika/Naher Osten".

Zivile Konfliktbearbeitung im Inland wird nicht aus Mitteln des Auswärtigen Amtes oder des BMZ finanziert, hierfür stehen kommunale, Landes- oder Bundesmittel für Demokratieförderung, Gewaltprävention oder konstruktive Konfliktaustragung bereit. Sie hat nicht nur einen direkten Mehrwert für die eigene Gesellschaft, sondern sie zeigt potenziellen Partnerorganisationen auch, dass Vieles von dem, was ihnen vorgeschlagen und vermittelt wird, auch in Deutschland mit Erfolg angewandt wird. Hinzu kommt, dass aus Perspektive der Partnerorganisationen in einer Konfliktregion die eigene Arbeit zivile Konfliktbearbeitung im Inland (mit Unterstützung aus dem Ausland) ist. So können die Vor- und Nachteile, die es hat, in der eigenen Gesellschaft aktiv für eine konstruktive und gewaltfreie Konfliktbearbeitung einzutreten, diejenigen besser nachvollziehen, die in ihrer Organisation praktische Erfahrungen mit ziviler Konfliktbearbeitung im Inland gemacht haben. Die Partner aus der Konfliktregion können außerdem ihre eigenen Erfahrungen an ihre sie von außen unterstützenden Partner weitergeben, was eine gleichberechtigte Zusammenarbeit erleichtert.

Die Grenzen der zivilen Konfliktbearbeitung werden in Ländern und Regionen deutlich, in denen es keine staatlichen oder zivilgesellschaftlichen Partnerorganisationen gibt, die bereit und in der Lage sind, sich für die mit dem Begriff zivile Konfliktbearbeitung verbundenen Ziele einzusetzen. Das kann sehr unterschiedliche Ursachen haben. In manchen Fällen ist die Not der Menschen in einem Land oder einer Region so groß, dass ihre ganze Kraft für das tägliche Überleben gebraucht wird. Das ist aktuell zum Beispiel in großen Teilen des Jemen der Fall. In einer solchen Situation ist humanitäre Hilfe vorrangig, die generell so gestaltet werden sollte, dass sie bestehende Konflikte nicht verschärft oder gar neue hervorruft. In Staaten wie Nordkorea, in denen so gut wie keine zivilgesellschaftlichen Organisationen existieren und eine Zusammenarbeit mit externen Organisationen (außer in kleinen, eng begrenzten Bereichen) unerwünscht ist, ist zivile Konfliktbearbeitung ebenfalls nicht möglich. Und dort, wo an einem Krieg oder Bürgerkrieg ausländische Akteure beteiligt sind und Deutschland – zu Recht oder zu Unrecht – als Unterstützer einer der Konfliktparteien wahrgenommen wird, kann es für deutsche Organisationen schwer beziehungsweise unmöglich werden, lokale Partner zu finden, müssen diese befürchten, bei einer Zusammenarbeit mit einer deutschen Organisation zur Zielscheibe der anderen

Konfliktpartei(en) oder ausländischer bewaffneter Akteure zu werden. Das trifft auch zu, wenn Deutschland – ebenfalls zu Recht oder Unrecht – wirtschaftliche oder politische Eigeninteressen unterstellt werden, die es fraglich erscheinen lassen, dass deutsche Akteure die notwendige Unparteilichkeit mitbringen. Im Einzelfall kann es weniger riskant sein, mit einer deutschen NGO als mit deutschen staatlichen Organisationen zusammenzuarbeiten, auch und gerade dann, wenn die Partnerbeziehung – was zum Beispiel im Fall von Brot für die Welt oder Misereor oft der Fall ist – als entwicklungspolitische Partnerbeziehung schon vor dem (Bürger) Krieg bestand. Da es aber zahlreiche Organisationen außerhalb Deutschlands gibt, die zivile Konfliktbearbeitung betreiben, kann die Lösung in einem solchen Fall darin bestehen, die Arbeit an diesem konkreten Konflikt staatlichen oder zivilgesellschaftlichen Organisationen aus Ländern zu überlassen, die in dem jeweiligen Konflikt als unparteiisch gelten. Eine Gefährdung deutscher Akteure durch die Konflikte vor Ort ist dagegen nicht immer ein Hinderungsgrund. Oft gibt es Drittländer, in denen zumindest Workshops oder Trainings stattfinden können, was bei entsprechenden Vorsichtsmaßnahmen bei der Anreise eine Gefährdung der Partner unwahrscheinlich macht oder ausschließt.

Die Grenzen ziviler Konfliktbearbeitung bestehen bis heute eher in begrenzten personellen und finanziellen Ressourcen als in grundsätzlichen Einschränkungen. Dass das Potenzial der zivilen Konfliktbearbeitung nicht ausgeschöpft wird, liegt nicht zuletzt daran, dass in der politischen Diskussion in Deutschland immer wieder die vermeintliche Gewissheit angeführt wird, dass in hoch gewaltsam ausgetragenen Konflikten der Einsatz von Gewalt als Instrument zur Reduzierung von Gewalt unvermeidlich ist. Die badische Landeskirche hat im Frühjahr 2018 in ihrem Szenario „Sicherheit neu denken – von der militärischen zur zivilen Sicherheitspolitik" (Becker et al. 2018) diesen Kurzschluss vermieden. Die

Szenariotechnik wird dazu genutzt, mögliche Entwicklungslinien aufzuzeigen. Sie liefert keinen Aktionsplan, sondern vermittelt neue Einsichten und Denkanstöße. Es werden drei verschiedene Szenarien durchgespielt, von denen das Positivszenario schildert, wie die deutsche Sicherheitspolitik bis 2040 konsequent auf zivile Konfliktbearbeitung umgestellt werden kann.

4   Die entscheidende Grenze: *Do No Harm* – eine Schlussbemerkung

In einer Welt, in der es zahlreiche Akteure mit unterschiedlichen Vorstellungen davon gibt, in welchem Fall und auf welche Weise in Gewaltkonflikte von außen eingegriffen werden darf und soll, besteht eine entscheidende, nicht auf die zivile Konfliktbearbeitung beschränkte Grenze darin, dass die Aktivitäten unterschiedlicher Akteure sich derart widersprechen, dass der Konflikt letztlich sogar eskaliert und das Gewaltniveau wächst und nicht sinkt. Daher bedarf jedes äußere Eingreifen in einen Konflikt einer sorgfältigen Abschätzung nicht nur der beabsichtigten, sondern auch der möglichen unbeabsichtigten Folgen. Bei jedem Eingreifen von außen, also auch bei ziviler Konfliktbearbeitung, kann ein ernsthaftes Risiko bestehen, mehr Schaden als Nutzen anzurichten. Wer sich im Bereich zivile Konfliktbearbeitung engagiert, muss sich dieser Grenze stets bewusst sein.

Literatur

Becker, Ralf, Stefan Maaß und Christoph Schneider-Harpprecht (Hrsg.).
    2018. Sicherheit neu denken – Von der militärischen zur zivilen Si-
    cherheitspolitik. https://www.ekiba.de/html/media/dl.html?i=192663.
    Zugegriffen: 25. August 2019.
Evangelische Kirche in Deutschland (EKD). 2007. *Aus Gottes Frieden leben
    – für gerechten Frieden sorgen. Eine Denkschrift des Rates der Evan-
    gelischen Kirche in Deutschland.* Gütersloh: Gütersloher Verlagshaus.
Weller, Christoph. 2007. Themen, Fragestellungen und Perspektiven
    der Forschung zu Ziviler Konfliktbearbeitung. https://www.philso.
    uni-augsburg.de/lehrstuehle/politik/politik1/mitarbeiter/weller/pdf_
    aufsaetze_sammelbandbeitraege/Weller_Zivile-Konfliktbearbeitung_
    Forschung_07.pdf. Zugegriffen: 13. August 2019.

Zivile Konfliktbearbeitung und Konfliktphasen

Martin Quack

1 Einleitung

Zivile Konfliktbearbeitung hat Vorrang, so heißt es – und niemand widerspricht der Maßgabe, mit Konflikten möglichst zivil umzugehen. Allerdings sind viele politische Akteure skeptisch, inwieweit dies wirklich möglich ist. Jenseits der rhetorischen Zustimmung drückt sich diese Skepsis auf staatlicher Seite sehr deutlich in der kümmerlichen Finanzierung von außenpolitischen Instrumenten der zivilen Konfliktbearbeitung beziehungsweise Krisenprävention aus (Bund für Soziale Verteidigung 2019a).

Diese Skepsis wird zuweilen auf die verschiedenen Konfliktphasen bezogen: Solange die Gewalt nicht eskaliert ist oder nach einem Ende der Gewalt mag – so eine verbreitete Sichtweise – zivile Konfliktbearbeitung sinnvoll sein. Wenn die Waffen sprechen, sehen viele jedoch keinen Spielraum für eine zivile Konfliktbearbeitung. Dieser Beitrag geht dieser Skepsis nach und stellt verschiedene Konfliktphasen im Hinblick auf die Möglichkeiten und Grenzen ziviler Konfliktbearbeitung dar.

© Springer Fachmedien Wiesbaden GmbH, ein Teil von Springer Nature 2020
I.-J. Werkner und H.-G. Stobbe (Hrsg.), *Friedensethische Prüfsteine ziviler Konfliktbearbeitung*, Gerechter Frieden,
https://doi.org/10.1007/978-3-658-28641-5_4

Da insbesondere staatliche Akteure bisher sehr wenig in zivile
Konfliktbearbeitung investiert haben, greift der Beitrag explizit
auf zwei jüngere Dokumente der staatlichen Akteure Vereinte
Nationen und Weltbank sowie der Bundesregierung zurück: 2017
hat die Bundesregierung ihre Leitlinien unter dem Titel „Krisen
verhindern, Konflikte bewältigen, Frieden fördern" formuliert.
Ungeachtet der deutlichen Kritik an den Leitlinien von zivilgesellschaftlicher Seite (vgl. u. a. Plattform Zivile Konfliktbearbeitung
2017) handelt es sich um das maßgebliche staatliche Dokument
in Deutschland zur zivilen Konfliktbearbeitung. 2018 haben die
Vereinten Nationen und die Weltbank gemeinsam eine Studie
mit dem Titel „Pathways to Peace" veröffentlicht, die sich für die
nachhaltige und inklusive Prävention von gewaltsam ausgetragenen
Konflikten ausspricht und für eine Abkehr vom reinen Management
beziehungsweise der Reaktion auf Krisen.

Ausgangspunkt für die folgenden Überlegungen ist das Konzept
der zivilen Konfliktbearbeitung, wie es der einführende Beitrag
von Ines-Jacqueline Werkner darstellt einschließlich der dort
bereits angesprochenen Konfliktphasen. In seiner „Agenda for
Peace" hat der Generalsekretär der Vereinten Nationen Boutros
Boutros-Ghali 1992 zwischen *preventive diplomacy* in der Phase
vor der gewaltsamen Eskalation, *peace making* und *peace enforcing*
(militärisch) während der gewaltsamen Eskalation sowie *peace
keeping* und *peace building* in der Phase nach dem Ende der Gewalt unterschieden (vgl. den Beitrag von Ines-Jaqueline Werkner
in diesem Band). Die Begriffe *peackeeping* (dissoziativer Ansatz),
peacemaking (Ansatz zur Konfliktlösung auf der Grundlage des
Status quo) und *peacebuilding* (assoziativer Ansatz hin zu einer
Konflikttransformation) gehen auf die „three approaches to peace"
von Johan Galtung (1976) zurück.

Der Beitrag nimmt zunächst Modelle unterschiedlicher Konfliktphasen in den Blick; dabei spricht er sich für das Modell einer

Konfliktspirale aus (Kapitel 2). Im Anschluss stellt das dritte Kapitel die drei wesentlichen Konfliktphasen vor und skizziert, wie die Bundesregierung sowie die Vereinten Nationen und die Weltbank das Potenzial der zivilen Konfliktbearbeitung bewerten. Abschließend diskutiert der Beitrag Thesen zu ziviler Konfliktbearbeitung in Bezug auf die einzelnen Konfliktphasen.

2   Konfliktphasen

Die Einteilung eines Konflikts in Phasen in Anlehnung an die „Agenda for Peace" entspricht dem weitverbreiteten linearen Modell eines Konflikts, der zunächst nur latent existiert, dann eskaliert und schließlich wieder deeskaliert (Post-Konflikt). Auch die Bundesregierung (2017, S. 67ff.) geht in ihren Leitlinien von diesem Modell aus und ordnet diesen Konfliktphasen unterschiedliche politische Instrumentarien zu. Dieses Modell ist allerdings aus mehreren Gründen irreführend: Die Übergänge zwischen den Phasen sind zumeist nicht klar abgrenzbar, sondern fließend sowie regional oder thematisch sehr unterschiedlich. Zudem verlaufen die meisten Konflikte nicht linear, sondern eher in einer Abwärts- oder Aufwärtsspirale. Dies erkennt auch die Bundesregierung (2017, S. 70) in ihren Leitlinien:

> „Konfliktverläufe sind jedoch selten derart schematisch. Jede Krise unterliegt einer eigenen Dynamik. Konfliktphasen folgen nicht linear aufeinander, sondern überlagern einander häufig: Während in einem Landesteil noch Bürgerkrieg herrscht, können in anderen Regionen desselben Landes bereits lokale Waffenstillstände bestehen und kann die Rehabilitierung zerstörter Infrastruktur und die Rückkehr von Flüchtlingen begonnen haben. Übergänge sind fließend, und die Gefahr eines Rückfalls in den Gewaltkonflikt ist hoch."

Ein differenziertes Konfliktmodell scheint deshalb angemessener, etwa das Phasenmodell der Eskalation des österreichischen Konfliktforschers Friedrich Glasl. Es stellt die typische Eskalation eines Konflikts dar, der in einer Abwärtsbewegung stufenweise eskaliert. Dabei verändert sich der Kern des Konflikts und auch die Notwendigkeit einer Intervention von außen: In den obersten drei Stufen geht es vor allem um die Sache; gute Lösungen sind für beide Seiten erreichbar (*win-win*) und können auch in eigener Regie erreicht werden. Bei einer weiteren Eskalation geht es in den drei folgenden Stufen vor allem um die Beziehung zwischen den Konfliktparteien, von denen eine auf Kosten der anderen gewinnt (*win-lose*). Bei hoch eskalierten Konflikten steht die Schädigung des Gegners im Vordergrund, selbst um den Preis eines eigenen Schadens (*lose-lose*). Eine externe und gegebenenfalls machtvolle Intervention ist sinnvoll.

	Stufe	Intervention
Win-win	1. Spannung & Verhärtung	Moderation
	2. Debatte & Polemik	
	3. Taten statt Worte	Prozessbegleitung
Winlose	4. Images & Koalitionen	Sozio-therap. Prozessbegleitung
	5. Gesichtsverlust	Mediation
	6. Drohstrategien	Schiedsverfahren
Lose-lose	7. Begrenze Vernichtung	Machteingriff
	8. Zersplitterung	
	9. Gemeinsam in den Abgrund	

Abb. 1   Phasenmodell der Konflikteskalation nach Friedrich Glasl

Quelle: Eigene Darstellung nach www.change4success.de/blog-news/konfliktklaerung-auf-den-9-stufen-des-konflikts-nach-glasl.html

Ein Konflikt kann wiederholt eskalieren und deeskalieren, womit ein Spiralmodell, bei dem sich ähnliche Phasen wiederholen, sinnvoller ist als ein lineares Modell. Im negativen Fall wiederholen sich in einer Abwärtsspirale ähnliche Phasen, die jedoch insgesamt immer mehr eskalieren. Im positiven Fall einer Aufwärtsspirale folgen ebenfalls Phasen der Eskalation und Deeskalation mehrfach aufeinander, diese Entwicklung zeichnet sich jedoch durch einen Aufwärtstrend aus.

3 Potenziale ziviler Konfliktbearbeitung

3.1 Vorklärungen

Bevor das Potenzial ziviler Konfliktbearbeitung in einzelnen Konfliktphasen näher beleuchtet werden kann, sind einige Klärungen notwendig: Erstens geht es in der zivilen Konfliktbearbeitung nicht in erster Linie um Interventionen von außen in Konflikte. Vielmehr geschieht zivile Konfliktbearbeitung vor allem innerhalb der Institutionen und durch die Akteure eines politischen Systems. Die einheimischen Akteure stehen im Zentrum; dies wird im Beitrag von Christine Schweitzer in diesem Band explizit ausgeführt. Auch wenn der Fokus der politischen Diskussion zumeist auf Interventionen von außen liegt, sind diese zweitrangig und die spezifische Infrastruktur in Deutschland für internationale Interventionen ziviler Konfliktbearbeitung ist überschaubar. Neben den Leitlinien der Bundesregierung sind vor allem das Zentrum für Internationale Friedenseinsätze (ZIF), der Zivile Friedensdienst (ZFD), die Arbeitsgruppe Frieden und Entwicklung (FriEnt), spezialisierte Abteilungen von Auswärtigem Amt und Bundesministerium für wirtschaftliche Zusammenarbeit und Entwicklung (BMZ), spezialisierte Nichtregierungsorganisationen und kirchliche Werke, das Zivik-Programm des Instituts für Auslandsbeziehungen (ifa, finanziert vom Auswärtigen Amt) sowie im wissenschaftlichen Bereich Friedensforschungsinstitute wie das Leibniz-Institut Hessische Stiftung Friedens- und Konfliktforschung (HSFK) und die Deutsche Stiftung Friedensforschung (DSF) zu nennen. Im Gegensatz dazu sind die Infrastrukturen ziviler Konfliktbearbeitung innerhalb von politischen Systemen – etwa in Deutschland oder der Europäischen Union – viel umfangreicher und komplexer. Die Agenda 2030 mit ihrer Friedensdimension (BMZ 2017) mahnt den wichtigen Perspektivenwechsel im Globalen Norden weg von der Entwicklung für den Globalen Süden hin zu einer Korrektur von Fehlentwicklung im Globalen Norden im eigenen Land und auch in Bezug auf schädliche Wirkungen auf andere Länder an.

Zweitens steht der systematische Aufbau einer Infrastruktur für internationale Interventionen ziviler Konfliktbearbeitung erst am Anfang sowohl konzeptionell als auch in Bezug auf den politischen Stellenwert. Auch nach Jahrzehnten ist die folgende Ansicht von Mohandas K. Gandhi immer noch aktuell:

> „Wir werden heutzutage von den erstaunlichsten Entdeckungen im Bereich der Gewaltanwendung überrascht. Ich vertrete jedoch die Ansicht, dass noch weit unerhörtere und scheinbar noch unmöglichere Entdeckungen im Bereich der Gewaltlosigkeit gemacht werden können." (zit. nach Bund für Soziale Verteidigung 2019b)

Einen Eindruck davon, wie vielfältig die verbindenden Elemente einer Gesellschaft sind, die systematisch von der zivilen Konfliktbearbeitung aufgegriffen werden können, gibt der *Do-No-Harm*-Ansatz von Mary Anderson (Collaborative for Development Action 2004). Die sogenannten „local capacities for peace" sind in Systemen und Institutionen einer Gesellschaft, in Einstellungen und konkreten Handlungen, in Werten und Interessen, in gemeinsamen Erfahrungen sowie in Symbolen und gemeinsamen Gelegenheiten zu finden.

Options	Dividers/Tensions	Assistance	Local Capacities for Peace/ Connectors	Options
	Systems & Institutions Attitudes & Actions Values & Interests Experiences Symbols & Occasions	Mandate Fundraising/Donors HQ Organization Why? Where? What? When? With Whom? By Whom? How?	**Systems & Institutions** **Attitudes & Actions** **Values & Interests** Experiences Symbols & Occasions	
Redesign	← ↕ ←	Resources Transfers/ Implicit Ethical Messages	→ ↕ →	Redesign

Abb. 2 „Local capacities for peace" nach dem *Do-No-Harm*-Ansatz

Quelle: Eigene Darstellung nach Collaborative for Development Action (2004, S. 4)

Die dritte Klarstellung betrifft die Schwierigkeit, eine erfolgreiche Prävention nachzuweisen. Gewalt ist weitaus sichtbarer und präsenter in den Medien als Gewaltfreiheit. Damit ist erfolgreiche Prävention von Gewalt auch schwerer zu messen und erfordert im Einzelfall immer eine kontrafaktische Herangehensweise mit der Frage, wie sich der Konflikt ohne den Einsatz bestimmter Instrumente der zivilen Konfliktbearbeitung entwickelt hätte (vgl. Quack 2009). Neben der Untersuchung erfolgreicher Prävention ist deshalb auch ihre öffentliche Darstellung besonders wichtig, um der „strukturellen Unsichtbarkeit" (Nachtwei 2013, S. 26) der zivilen Krisenprävention zu begegnen.

Trotz dieser drei Einschränkungen wird das Potenzial ziviler Konfliktbearbeitung auch „offiziell" immer deutlicher anerkannt. Dies zeigt sich auf globaler Ebene an der großen Studie der Vereinten Nationen und der Weltbank (2017) mit dem Titel „Pathways to Peace". Diese Studie spricht sich für einen grundsätzlich anderen politischen Ansatz aus:

> "A shift away from managing and responding to crises and toward preventing conflict sustainably, inclusively, and collectively can save lives and greatly reduce these costs."

Im Einzelnen sind die folgenden Erkenntnisse zu betonen:

- Die Prävention muss zum Kernziel internationaler Kooperation werden.
- Soziale Gruppen und ihre gesellschaftliche und politische Inklusion sind ein wichtiger Ansatzpunkt.
- Gesellschaftliche Aushandlungsprozessesse sind nötig.
- Risiken müssen frühzeitiger und längerfristiger adressiert werden.

- Die drei wichtigsten Handlungsbereiche sind: (1) Handlungs-
  anreize setzen, (2) Institutionen inklusiv gestalten und (3)
  strukturelle Ursachen von Benachteiligungen angehen.
- Notwendig ist eine kollektive Herangehensweise; die Haupt-
  verantwortung liegt vor Ort mit internationaler Unterstützung.

Es ist bemerkenswert, dass eine Organisation wie die Weltbank
damit ein inklusives und langfristiges Engagement zur Prävention
von Gewalt propagiert und dieses Engagement zu einem Kernziel
internationaler Kooperation erhebt. Leider ist zu befürchten, dass
auch in diesem Fall die eigene Praxis der Institution dieser Rhetorik noch nicht folgt.

Im nächsten Schritt werden die Handlungsmöglichkeiten der
zivilen Konfliktbearbeitung beziehungsweise zivilen Krisenprävention in den einzelnen Konfliktphasen dargestellt.

3.2   Prävention

Die Phase der Prävention von Gewalt spielt in politischen Äußerungen eine große Rolle. In der politischen Praxis haben oft andere
Interessen einen höheren Stellenwert, zumal es viele Konflikte gibt,
die eskalieren könnten, und Frühwarnsysteme – das Auswärtige
Amt entwickelt das eigene System derzeit weiter – bisher nicht die
Dringlichkeit des präventiven Handelns im politischen Betrieb
deutlich machen konnten.

Die UNO- und Weltbank-Studie „Pathways to Peace" (2018,
S. xxi) betont einen weiteren Grund, Prävention einen höheren
Stellenwert einzuräumen, nämlich die hohe Pfadabhängigkeit
von Gewalt:

> "[O]nce [violence] takes hold, incentives and systems begin to re-
> orient themselves in ways that sustain violence. Effective prevention

requires acting before grievances harden and the threat of violence narrows the choices available for leaders and elites, understood as groups who hold power or influence in a society."

Die Bedeutung von Gewaltprävention ist nicht zu unterschätzen. Wenn sie nicht gelingt, steigt das Risiko für weitere Gewalt in der Zukunft. Das bedeutet auch, dass Prävention von Gewalt oft in einem Kontext der „Friedenskonsolidierung" stattfindet, die in den folgenden Ausführungen noch als eigene Phase dargestellt wird.

Nach den Leitlinien Krisenprävention der Bundesregierung ist ein „latenter Konflikt" volatil, mit Krisenpotenzial, aber (noch) nicht gewaltsam eskaliert: In dieser Phase geht es um Krisenprävention, das heißt um die Bearbeitung struktureller politischer und sozialer Ursachen und Treiber von Konflikten. Ziel ist es, einen Gewaltausbruch zu verhindern sowie langfristig zu einem friedlichen Zusammenleben beizutragen. Dazu dienen vor allem in Staaten mit geringer Leistungsfähigkeit mittel- bis langfristige Aufbaumaßnahmen und strukturbildende Maßnahmen unter anderem im *Governance*-Bereich. In Staaten mit nichtstaatlichen Gewaltakteuren müssen Menschen vor Gewalt geschützt und das Gewaltmonopol gestärkt werden. Zudem sind Anhängern der Gewaltakteure neue Perspektiven zu eröffnen. In Staaten mit besonders geringer Akzeptanz des politischen Systems durch die Bevölkerung soll politische Einflussnahme Anreize für Reformen setzen und die Beziehungen zwischen Staat und Gesellschaft sowie den Dialog und die Teilhabe verbessern. In Ausnahmefällen kommen auch restriktive Maßnahmen wie Sanktionen infrage. Mit dieser großen Bandbreite von Vorhaben der Entwicklungszusammenarbeit über Sicherheitssektorreformen und die Förderung der gesellschaftlichen Teilhabe bis zu Sanktionen zeigen die Leitlinien der Bundesregierung, wie vielfältig auch für staatliche Akteure die Mittel zur Gewaltprävention sein können.

3.3 Eskalierte Gewalt

Wenn ein Konflikt gewaltsam eskaliert und auch militärische Mittel zum Einsatz kommen, scheinen die Grenzen der zivilen Konfliktbearbeitung erreicht. Es ist wenig bekannt, wie etwa nichtstaatliche Gewaltakteure ganz ohne Druckmittel erreicht und zu Zugeständnissen bewegt werden können, etwa im Rahmen der Initiative *Geneva Call* (https://genevacall.org/) zur Umsetzung von humanitärem Völkerrecht oder der Initiative *Frontline Negotiations* (https://frontline-negotiations.org) zur Verwirklichung von humanitärer Hilfe. Auch die Möglichkeiten und Erfahrungen des *civilian peacekeeping* beziehungsweise *unarmed civilian protection* etwa durch die Organisation *Nonviolent Peaceforce* (vgl. Schweitzer 2010; Bund für Soziale Verteidigung 2018) sind weitgehend unbekannt. Darüber hinaus gibt es den Vorschlag, zukünftig militärische Einsätze immer mehr durch internationale Polizeieinsätze zur rechtserhaltenden Gewalt zu ersetzen (*Just Policing*, vgl. hierzu auch Werkner und Heintze 2019).

Auch die Vereinten Nationen und die Weltbank betonen in ihrer Studie „Pathways for Peace" eine Reihe von Faktoren, die in den untersuchten positiven Fällen eine Entwicklung aus der Gewalt heraus ermöglicht haben: Sie haben von einer Koalition gesellschaftlicher Akteure profitiert, mit einer Mobilisierung von friedensfördernden Narrativen und Normen und mit institutionellen Reformen. Dazu gehört eine Abwendung vom Sicherheitsfokus. In diesen Fällen gelang eine wachsende Repräsentation; auch fanden Programme gegen sozio-ökonomische Benachteiligungen, zu Umverteilungen und zur Vergangenheitsarbeit bei noch andauernder Gewalt statt.

Die Leitlinien der Bundesregierung bezeichnen einen eskalierten Konflikt, der gewaltsam ausgetragen wird, als „Gewaltkonflikt". In dieser Phase geht es um „Konfliktbewältigung", also um die Suche nach politischen Lösungen, um Krisendiplomatie, Verhandlungen und humanitäre Hilfe. Sogenannte Stabilisierungsmaßnahmen sollen diese politischen Prozesse unterstützen, indem sie eine „Friedensdividende" erfahrbar machen. Die Bundesregierung unterstützt in dieser Phase staatliche und nichtstaatliche Akteure zur Überwindung von Trennlinien und zu einer langfristigen Transformation hin zu einer inklusiven politischen Ordnung. Dazu nutzt sie etwa die entwicklungsorientierte und strukturbildende Übergangshilfe des BMZ. Gewaltkonflikte erfordern aus Sicht der Bundesregierung ein breit angelegtes, abgestimmtes internationales Engagement, etwa in Form von multilateralen Friedensmissionen, und den längerfristigen Aufbau inklusiver politischer Institutionen.

In der Phase der Gewalt sind Interventionen von außen besonders schwierig, dies gilt nicht nur für ziviles, sondern auch für militärisches Handeln. Doch es zeigt sich, dass die Leitlinien der Bundesregierung auch für diese Phase ein breites Spektrum an zivilen Handlungsmöglichkeiten eröffnen.

3.4   Nach der Gewalt

Nach dem Ende militärischer Gewalt, oft missverständlich als Postkonfliktphase bezeichnet, nimmt die politische Dringlichkeit des Handelns schnell ab. Erst in jüngerer Zeit ist die hohe Bedeutung der Friedenskonsolidierung, der Übergangsjustiz (*transitional justice*) und der Vergangenheitsarbeit deutlicher geworden. So hat die Bundesregierung kürzlich ein eigenes Konzept der Vergangenheitsarbeit veröffentlicht.

Die UNO- und Weltbank-Studie „Pathways to Peace" betont – wie an obiger Stelle bereits erwähnt – die hohe Pfadabhängigkeit von Gewalt und damit die Bedeutung der Friedenskonsolidierung für die Prävention zukünftiger Gewalt. Wenn Konflikte gewaltsam ausgetragen werden, verändern sich gesellschaftliche Strukturen und Anreizsystem so, dass sie die Gewalt aufrechterhalten, etwa in Form von sogenannten Gewaltökonomien. Nach dem Ende der Eskalation gilt es, die Handlungsoptionen für gesellschaftliche Akteure wieder zu erweitern, um das Risiko für künftige Gewalt zu verringern.

Nach den Leitlinien der Bundesregierung sind in „Nachkriegssituationen" die bewaffneten Auseinandersetzungen beendet; in dieser Phase geht es um „Friedenskonsolidierung", das heißt darum, einen dauerhaften und tragfähigen Frieden zu fördern und eine erneute Eskalation zu verhindern. Die Ansätze dazu entsprechen gemäß dem Spiralmodell weitgehend denen der ersten Phase der „Krisenprävention". Sie müssen den Gewalterfahrungen und Realitäten wie zerstörte Infrastrukturen, geschwächte Institutionen, eine erzwungene Einheitsregierung oder stark fragmentierte Gesellschaften mit ausgeprägtem Misstrauen Rechnung tragen. Aus Sicht der Bundesregierung ist die friedliche Transformation einer Gesellschaft oft langwierig, komplex und von Rückschlägen oder erneuter Gewalteskalation geprägt. Notwendig sind langfristige strategische Ansätze, vertrauensvolle Partnerschaften und das Zusammenwirken unterschiedlicher Akteure.

Auch konkrete Instrumente wie das neue Mediationskonzept des Auswärtigen Amtes (2019) bestätigen die Überschneidung der Phasen und das Spiralmodell. Friedensmediation kann von der Prävention über die Begleitung von Waffenstillständen bis zur Umsetzung von Abkommen und politischen Reformprozessen in verschiedenen Phasen eingesetzt werden. Sowohl in hoch eskalierten Konflikten wie Afghanistan, Syrien oder Irak als auch in Kontexten, in denen Prävention oder langfristige Transitionsprozesse im Vordergrund stehen, kann Friedensmediation dazu beitragen, gesellschaftliche oder ideologische Gräben zwischen Konfliktparteien zu überbrücken. Die Vermittlungstätigkeiten geschehen gemeinsam mit staatlichen und zivilgesellschaftlichen

Partnern. Sie umfassen die Unterstützung von Gesprächsformaten, Sondergesandte oder *shuttle mediation*.

4   Schlussfolgerungen und Thesen

Ausgangspunkt des Beitrags war die Feststellung, dass zivile Konfliktbearbeitung in der politischen Rhetorik einen hohen Stellenwert hat, in der politischen Praxis jedoch nicht. Die Skepsis in Bezug auf die Möglichkeiten ziviler Konfliktbearbeitung, die oft nicht laut geäußert wird, bezieht sich vor allem auf Konfliktphasen, in denen massive Gewalt ausgeübt wird. Wenn die zivilen Handlungsmöglichkeiten in Konflikten als begrenzt dargestellt werden, bezieht sich dies oft auf die Sicherheitslage, die geringen Ressourcen sowie die Abhängigkeit von staatlichen Geldgebern.

Die Beleuchtung der verschiedenen Konfliktphasen hat jedoch gezeigt, dass selbst staatliche Akteure über vielfache zivile Handlungsmöglichkeiten verfügen: in den einzelnen Konfliktphasen, aber auch über verschiedene Phasen hinweg. Es gibt keineswegs eine Begrenzung der zivilen Konfliktbearbeitung auf einzelne Phasen. Selbst wenn der Konflikt gewaltsam ausgetragen wird, gibt es ein breites ziviles Instrumentarium.

In der Praxis wird jedoch weder das vorhandene Instrumentarium in vollem Umfang genutzt noch wird viel in die Weiterentwicklung und den Ausbau des Instrumentariums investiert. Die Herausforderung ist demnach nicht in erster Linie das mangelnde Instrumentarium, sie scheint an anderer Stelle zu liegen. Selbstverständlich müssen einzelne Akteure mit ihren jeweiligen Instrumenten sehr genau analysieren, ob und wie eine Intervention infrage kommt. In der *Nonviolent Peaceforce* oder im Zivilen Friedensdienst etwa sind solche konkreten und spezifischen Einsatzkriterien entwickelt worden. Sie beziehen sich allerdings auf das jeweilige Instrument eines bestimmen Akteurs und nicht auf die zivile Konfliktbearbeitung allgemein.

Zusammenfassend lassen sich die folgenden Thesen formulieren:

1. Zivile Konfliktbearbeitung umfasst vielfältige Instrumente durch unterschiedliche Akteure und sie ist in allen Konfliktphasen möglich und geboten.
2. Die konkreten Handlungsoptionen, Rollen und Erfolgschancen sind sehr unterschiedlich und müssen im konkreten Fall analysiert werden.
3. Grundsätzlich wird es schwieriger, je stärker ein Konflikt eskaliert ist – das gilt für die Konfliktparteien genauso wie für jede Intervention, auch für militärische.
4. Auch bei hocheskalierten Konflikten gibt es „local capacities for peace" (Institutionen, Einstellungen, Handeln, Interessen, Erfahrungen, Symbole, Gelegenheiten, …), die gestärkt werden können.
5. Je weniger das Potenzial ziviler Konfliktbearbeitung politisch genutzt und ausgebaut wird, desto irreführender ist es, mögliche beziehungsweise scheinbare Grenzen zu diskutieren.
6. Einsatzkriterien für einzelne Instrumente der zivilen Konfliktbearbeitung sind sinnvoll, Einsatzkriterien für zivile Konfliktbearbeitung allgemein sind weder sinnvoll noch möglich.

Dieser Beitrag ist der Skepsis in Bezug auf die Möglichkeiten der zivilen Konfliktbearbeitung in verschiedenen Konfliktphasen nachgegangen und hat gezeigt, dass zivile Konfliktbearbeitung sicher mehr könnte, wenn es politisch wirklich gewollt wäre. Die Ursachen für das Nischendasein der zivilen Konfliktbearbeitung sind aber vielfältiger: Inwieweit dient zivile Konfliktbearbeitung als Feigenblatt für ganz andere politische Interessen? Ist vielleicht auch der Begriff zu sperrig? Vielleicht eröffnet das in der Plattform Zivile Konfliktbearbeitung entwickelte Konzept der „Friedenslogik" (vgl. Quack 2018) einen neuen Weg. Es schließt inhaltlich unmittelbar an die zivile Konfliktbearbeitung an. Dabei macht das Konzept der Friedenslogik den Unterschied zur Sicherheitspolitik sehr deutlich und stellt klar, dass etwa im vernetzten Ansatz (vgl. den Beitrag von Winfried Nachtwei in diesem Band) die Friedenslogik übergeordnet ist. Solange die politische Skepsis gegenüber der systematischen zivilen Konfliktbearbeitung nicht überwunden wird, wird sie ein Nischendasein führen – in allen Konfliktphasen. Appelle und einzelne gute Beispiele für zivile Konfliktbearbeitung in der Praxis reichen nicht aus, um diese Skepsis zu überwinden.

Literatur

Auswärtiges Amt. 2019. Konzept Friedensmediation. https://www.aus-waertiges-amt.de/blob/2226842/a6c306e63080bf53ec02663c147f-74de/190614-mediationskonzept-aa-data.pdf. Zugegriffen: 30. August 2019.

Boutros-Ghali, Boutros. 1992. *Agenda für den Frieden, Vorbeugende Diplomatie, Friedensschaffung und Friedenssicherung.* Bonn: Deutsche Gesellschaft für die Vereinten Nationen.

Bund für Soziale Verteidigung. 2018. Ziviles Peacekeeping – zivile Friedenssicherung. https://www.soziale-verteidigung.de/fileadmin/dokumente/militaerkritik/Ziviles_Peacekeeping_-Factsheet.pdf. Zugegriffen: 30. August 2019.

Bund für Soziale Verteidigung. 2019a. Abrüstung, Rüstungskontrolle und Zivile Konfliktbearbeitung in der deutschen Bundespolitik: Wie viel wird wofür ausgegeben? Update 2019. https://www.soziale-ver-teidigung.de/fileadmin/dokumente/infomaterialien/ZKB_Ausga-ben_2016-2019_Web_ueberarbeitet_2019_web.pdf. Zugegriffen: 30. August 2019.

Bund für Soziale Verteidigung. 2019b. Gewaltfreie Konzepte. https://www. soziale-verteidigung.de/pazifismus-militaerkritik/gewaltfreie-konzepte/. Zugegriffen: 30. August 2019.

Bundesministerium für wirtschaftliche Zusammenarbeit und Entwicklung (BMZ). 2017. Der Zukunftsvertrag für die Welt: Die Agenda 2030 für nachhaltige Entwicklung. http://www.bmz.de/de/mediathek/ publikationen/reihen/infobroschueren_flyer/infobroschueren/Materialie270_zukunftsvertrag.pdf. Zugegriffen: 30. August 2019.

Collaborative for Development Action. 2004. *Reflecting on Peace Practice Project*. Cambridge, MA: Collaborative for Development Action.

Deutsche Bundesregierung. 2017. *Krisen verhindern, Konflikte bewältigen, Frieden fördern: Leitlinien der Bundesregierung*. Berlin: Deutsche Bundesregierung.

Galtung, Johan. 1976. Three Approaches to Peace: Peacekeeping, Peacemaking, and Peacebuilding. https://www.galtung-institut.de/wp-content/uploads/2016/06/galtung_1976_three_approaches_to_peace.pdf. Zugegriffen: 30. August 2019.

Nachtwei, Winfried. 2013. Zivile Konfliktbearbeitung: Vom Anspruch zur Wirklichkeit. In *Vom Anspruch zur Wirklichkeit*, hrsg. von Andreas Heinemann-Grüder und Isabella Bauer, 22–32. Opladen: Barbara Budrich.

Plattform Zivile Konfliktbearbeitung. 2017. Vorrang zivilen Engagements in Krisen und Konflikten eine Frage der Möglichkeiten – Bundesregierung findet keine Antworten auf diese Herausforderung. Pressemitteilung vom 15. Juni 2017. http://www.konfliktbearbeitung. net/meldungen/vorrang-zivilen-engagements-krisen-konflikten-frage-moeglichkeiten-bundesregierung-findet. Zugegriffen: 30. August 2019.

Quack, Martin. 2009. *Ziviler Friedensdienst: exemplarische Wirkungsanalysen*. Wiesbaden: Verlag für Sozialwissenschaften.

Quack, Martin. 2018. Friedenslogik statt Sicherheitslogik: Warum ein gerechter Frieden durch sicherheitslogische Politik nicht erreichbar ist. www.forumzfd.de/de/friedenslogik-statt-sicherheitslogik. Zugegriffen: 30. August 2019.

Schweitzer, Christine (Hrsg.). 2010. Civilian Peacekeeping: A Barely Tapped Resource. https://www.nonviolentpeaceforce.org/images/publications/ CP_A_Barely_Tapped_Resource.pdf. Zugegriffen: 30. August 2019.

Vereinte Nationen und Weltbank. 2018. *Pathways for Peace: Inclusive Approaches to Preventing Violent Conflict*. Washington, D.C.: Weltbank.
Werkner, Ines-Jacqueline und Hans-Joachim Heintze (Hrsg.). 2019. *Just Policing*. Wiesbaden: Springer VS (i. E.).

Möglichkeiten und Grenzen lokaler Akteure in der Konfliktbearbeitung

Christine Schweitzer

1 Einleitung: Anmerkungen zum Konzept der internen Akteure

Auf den ersten Blick wird gewiss jeder sofort eine Vorstellung haben, wer gemeint ist, wenn von lokalen Akteuren in der Konfliktbearbeitung die Rede ist. In zahlreichen Publikationen findet sich dieser Begriff, und eine Suche bei Google zu „local actors in peacebuilding" ergibt über 1.800.000 Treffer. Doch je näher man sich mit diesem Konstrukt der lokalen Akteure befasst, umso undeutlicher wird das Bild.

Zumeist werden, wenn von lokalen Akteuren oder internen Parteien die Rede ist, implizit als Gegensatz die internationalen Akteure beziehungsweise dritte oder externe Parteien mitgedacht. Aber in der Realität lässt sich dieses Gegensatzpaar nicht aufrechterhalten. Akteure haben unterschiedliche Nähe zu den Konfliktparteien und dem Konfliktobjekt. Manchmal haben sogenannte externe Akteure sogar unmittelbarere Interessen an einem bestimmten Ausgang des Konflikts als Menschen im Land selbst. Man denke zum Beispiel an Konflikte, bei denen seltene Rohstoffe eine wesentliche Rolle

spielen. Auch die Zugehörigkeit zu einem bestimmten Staat oder
einer Nation sind keine eindeutigen Kriterien. Wann hören Akteure
auf, „lokal" zu sein? Ist zum Beispiel eine Initiative südsudanesi-
scher *Peacebuilder* aus der Hauptstadt Juba, die sich selbst als „der
dritte Stamm" bezeichnen, lokal in Bezug auf die verschiedenen
bewaffneten Gruppen der Dinka und Nuer in einer entfernten Pro-
vinz im Osten des Landes? Oder war eine serbische Initiative von
Psychologinnen und Psychologen, die sich in den 1990er Jahren mit
einem kroatischen Counterpart um Vertriebene in dem vorwiegend
serbisch bewohnten, aber Kroatien zugehörigen Ostslawonien küm-
merte, international, weil Serbien (genauer: die FR Jugoslawien, die
zu dem Zeitpunkt nur noch aus Serbien und Montenegro bestand)
und Kroatien zu diesem Zeitpunkt seit ein paar Jahren unabhängige
Länder waren? Deshalb soll hier mit Nick Lewer und Oliver Ramsbotham (1993) vorgeschlagen werden, die Beziehung eines Akteurs
zu einem Konflikt als eine Zwiebel abzubilden:

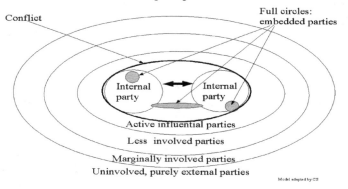

Relationship of parties to conflict

Quelle: Lewer und Ramsbotham (1993, S. 31), angepasst in Schweitzer
(2010)

In dieser Zwiebel finden wir im inneren Kreis, der den Konflikt umreißt, neben den Konfliktparteien auch Akteure, die versuchen, Verknüpfungen zwischen den Konfliktparteien herzustellen. Sie können entweder eindeutig einer der Konfliktparteien zugeschrieben werden oder stehen auch in der Wahrnehmung vor Ort zwischen ihnen. Sie werden umgeben von mehreren „Schichten" von Parteien, die nicht im Land selbst ansässig sind, aber mehr oder weniger Interessen in dem Konflikt verfolgen. Beispielhaft soll dies an Sri Lanka in der Zeit des Bürgerkrieges, eines Krieges, der über 25 Jahre währte und 2009 mit einem Sieg der singhalesischen Regierung über die aufständischen Tamil Tigers zu Ende ging, illustriert werden. In Sri Lanka gibt es drei größere ethnisch-religiöse Gruppen, die sich zeitweilig alle drei in Konflikt miteinander befanden: die buddhistischen Singhalesen, die hinduistischen Tamilen und im Osten des Landes Muslime, die tamilisch sprechen, aber als eigene quasi-ethnische Gruppe angesehen werden wollen. In allen drei genannten Gruppen gab und gibt es Einzelpersonen und Initiativen, die sich für eine friedliche Lösung und für Menschenrechte einsetzten. Sie taten dies, obwohl sie einer der drei ethnischen Gruppen angehörten und somit als Angehörige einer Konfliktpartei gesehen werden konnten. Und es gab zudem – sie würden dem Kreis zwischen den Konfliktparteien entsprechen – bestimmte katholische Priester und Gemeinden, die wichtige Rollen als Mittler im Menschenrechtsschutz und der Suche nach einer friedlichen Lösung einnahmen.[1]

Die folgenden Ausführungen konzentrieren sich auf diejenigen lokalen Akteure, die eine konstruktive Rolle in der Konfliktbearbeitung einnehmen (können), aber nicht der obersten Führungsebene

---

1   Diese Bewertung basiert auf der persönlichen Erfahrung der Autorin, die sich als Programmdirektorin der *Nonviolent Peaceforce* in den 2000er Jahren des Öfteren in Sri Lanka aufhielt.

der Konfliktparteien angehören. Natürlich zählen auch staatliche
Akteure wie Regierungen und Opposition oder Anführer von
Rebellengruppen zu lokalen Akteuren. Sie sind es, die in der Regel
über Krieg und Frieden entscheiden. Oftmals kommen Friedensverhandlungen auch durch die Unterstützung internationaler
Vermittlerinnen und Vermittler zustande, aber das ändert nichts
daran, dass es die lokalen Regierungen oder Rebellen sind, die das
letzte Wort haben, und deren Bereitschaft zum Friedensschluss
ausschlaggebend ist. Trotzdem soll diese Dimension lokaler Akteure
hier ausgeklammert bleiben, würde die Einbeziehung dieser Ebene
das Thema im Rahmen dieses Beitrages zu sehr ausweiten. Es geht
also weniger um die *top down*-Ansätze, wie sie sich in Verhandlungen auf höchster Ebene widerspiegeln, als um *bottom up* und um
das Handeln einer mittleren gesellschaftlichen Ebene, das oftmals
die anderen beiden Ebenen zu verbinden weiß (vgl. Lederach 1997,
2001). Solche lokalen Akteure können zum Beispiel sein:

- religiöse oder weltliche Führungspersönlichkeiten (auch Men-
  schen aus der akademischen Welt und der Wirtschaft) der
  unteren und mittleren gesellschaftlichen Ebene,
- Gründerinnen und Gründer, Leiterinnen und Leiter sowie
  Mitarbeiterinnen und Mitarbeiter von Nichtregierungsorga-
  nisationen, die sich für Frieden und Versöhnung stark machen,
- Frauen und Jugendgruppen, wie zum Beispiel die Frauen in
  Weiß in Liberia[2], deren Protest während des Bürgerkrieges
  einen wesentlichen Beitrag dazu leistete, dass dieser 2003 zu
  Ende ging, sowie

---

2   Vgl. den Film von Gini Reticker und Abigail Disney „Zur Hölle mit
    dem Teufel – Frauen für ein freies Liberia". http://www.praythede-
    vilbacktohell.com/v3/. Zugegriffen 24. April 2012.

- Journalistinnen und Journalisten und Angehörige verwandter Medienberufe als wichtige Akteure bei der Friedensschaffung, spielen die Art und Weise, in der sie über Konflikt und Frieden berichten, eine wichtige Rolle in der öffentlichen Wahrnehmung des Konfliktes und seiner Transformationsmöglichkeiten (vgl. hier auch den Begriff des Friedensjournalismus bei Johan Galtung, u. a. 2002).

2 Diskurse, in denen lokale Akteure prominent agieren

Man wird in der Fachliteratur über Konfliktbearbeitung eine recht grundsätzliche Übereinstimmung unter den Autorinnen und Autoren zu zwei Punkten finden: zum einen die pauschale Aussage, dass lokale Akteure die entscheidende Rolle beim *Peacebuilding* spielen und Externe sie nur unterstützen können, und zum zweiten, dass alle Gesellschaften Mechanismen haben, die ihnen erlauben, Konflikte friedlich beizulegen, seien es formale Mechanismen (Justiz) oder informelle (sogenannte traditionelle) Verfahren. Die Prinzipien der letzteren sind oftmals anders ausgerichtet als die der westlichen Rechtssysteme, in deren Mittelpunkt die Bestrafung der Täterin beziehungsweise des Täters steht, nicht das Wohl des Opfers und der Gemeinschaft. (UNHRO 2016, S. 17ff.). Dennoch liegt der Fokus der überwiegenden Zahl der Studien zur Konfliktbearbeitung eher auf dem, was externe Parteien tun können. Untersuchungen über Konflikttransformation, geschrieben von und aus der Perspektive von Menschen aus dem Globalen Süden jenseits des nördlich-westlichen akademischen Kulturkreises sind selten und beschränken sich zumeist auf gelegentliche Aufsätze unter dem Titel „traditionelle Formen der Konfliktbearbeitung". Es lassen sich – ohne Anspruch auf Vollständigkeit –folgende Diskurse unterscheiden:

2.1   Rolle von Zivilgesellschaft im Peacebuilding

Es gibt in der Friedens- und Konfliktforschung recht viele Studien, die sich mit der Rolle von Zivilgesellschaft befassen, wobei viele von ihnen Zivilgesellschaft mit internationalen, externen NGOs des modernen Typus gleichsetzen. Ausnahmen sind beispielsweise die Arbeiten von John Paul (1997, 2001), des Collaborative of Development Action)[3] und die von Thania Paffenholz (2010) geleitete vergleichende Studie über Grundfunktionen von Zivilgesellschaft, auch wenn letztere bisweilen offen lässt, von welcher Art von zivilgesellschaftlichen Akteuren die Rede ist. Paffenholz und ihre Mitautorinnen und Mitautoren unterscheiden sieben Grundfunktionen von Zivilgesellschaft:

1. Schutz vor gewaltsamen Übergriffen: Diese Aufgabe wird als wichtig besonders in der „heißen" Konfliktphase angesehen, allerdings von den Autorinnen und Autoren eher den internationalen Kräften als Aufgabe zugeschrieben, außer wenn es um Wirkung im unmittelbaren räumlichen Umfeld geht. (Dass dies nicht in dieser Weise zutreffen muss, findet sich im unten ausgeführten Ansatz des zivilen *Peacekeeping*.)
2. Menschenrechtsbeobachtung und politische Frühwarnung (*Monitoring*): *Monitoring* ist oft Aufgabe von lokalen Akteuren.
3. Lobbyarbeit und Kommunikation an die Öffentlichkeit: Lobbying und Druck von Seiten lokaler Akteure kann eine wichtige Funktion haben. Ein klassisches Beispiel (nicht von Paffenholz erwähnt) sind die Frauen in Weiß in Liberia.

---

3   Diese US-Organisation wurde von Mary B. Anderson gegründet und ist bekannt durch das heute allgemein anerkannte ethische Rahmenwerk des „Do no harm".

4. Friedenserziehung innerhalb von Gruppen: Die Herausforderung stellt sich hier, genügend Menschen zu erreichen, um eine „kritische Masse" zu bilden.[4]

5. Stärkung beziehungsweise Wiederherstellung des sozialen Zusammenhalts zwischen Gruppen: Diesbezüglich gibt es Studien und Berichte, die die Wirksamkeit solcher Ansätze beleben (vgl. u. a. Gerster 2005).

6. Vermittlung zwischen Konfliktparteien: Paffenholz und ihr Team heben die Rolle von lokalen Akteuren hervor, wenn es um die Bearbeitung lokalisierter Konflikte geht, zum Beispiel bei der Schaffung von waffenfreien Zonen. Auf nationaler Ebene sehen sie eher die internationalen Akteure als Konfliktvermittler.[5]

7. Serviceleistungen (humanitäre Hilfe im weiteren Sinne): Auch dies ist eine Rolle von lokalen Akteuren, auch wenn dies oft übersehen wird. Ein bekanntes Beispiel sind die (umstrittenen) syrischen Weißhelme.[6]

2.2 Lokale Peacebuilder

Die Arbeit lokaler *Peacebuilder* wird immer mehr als Konzept und eigene Rolle anerkannt (vgl. Gerster 2005). Sie sind Personen, die in ein Konfliktsetting eingebettet sind, aber versuchen, eine Brücke

---

4 Dies bezieht sich auf die Studie von Anderson und Olson (2003), der zufolge es zwei Wege gibt, Wirkung zu erzielen: über Schlüsselpersonen oder über das Erreichen von so vielen Menschen, dass diese eine ‚kritische Masse' bilden.

5 Dies entspricht auch den Erfahrungen, die in den Workshops zu Guter Praxis im Zivilen *Peacekeeping* erhoben wurden (vgl. Schweitzer 2018–2020).

6 Vgl. https://www.srf.ch/news/international/die-weisshelme-in-syrien-retter-oder-terroristen. Zugegriffen 14. August 2019.

zwischen den Konfliktparteien herzustellen. Dies geschieht potenziell auf allen Ebenen: bei Konflikten in Dörfern oder Volksgruppen vor Ort bis zur gesamtstaatlichen Ebene. Es gibt viele Berichte über ihre Arbeit und Konferenzen, in denen sich solche Persönlichkeiten treffen und austauschen, zum Beispiel hier in Deutschland die von Michael Gleich angestoßenen jährlichen *Global Peacebuilder Summits*, Treffen, an denen über 30 *Peacebuilder* aus aller Welt teilnehmen, darunter die übergroße Mehrheit aus dem Globalen Süden (vgl. http://global-peacebuilders.org).

2.3 Lokale Akteure im Zivilen Peacekeeping (Unarmed Civilian Protection)

Der Schutz von der Zivilbevölkerung und von Aktivistinnen und Aktivisten vor Gewalt und den Auswirkungen von Krieg wird gewöhnlich internationalen Akteuren – Militär oder eventuell noch NGOs, die sich auf Schutzbegleitung oder ziviles *Peacekeeping* spezialisiert haben, zugeschrieben. Aber es rückt immer mehr in das Bewusstsein, dass lokale Akteure wichtige, vielleicht sogar die wichtigsten Akteure in diesem Bereich sind (vgl. Furnari 2016). Dies wird nicht nur in den Arbeiten von Casey Barrs (2019) deutlich, sondern ergab sich auch in einem noch laufenden, schon oben erwähnten Prozess der Erhebung von ‚guter Praxis' im Feld des zivilen *Peacekeeping* (vgl. Schweitzer 2018–2020). Folgend nur drei Punkte hierzu:

1. Es gibt lokale Initiativen, die in dem Feld tätig sind, zum Beispiel die philippinische *Bantay Ceasefire*[7], die auf Mindanao die Einhaltung des Waffenstillstands beobachtet.

---

7   Vgl. http://www.eprpinformation.org/files/peaceprocesses/ceasefires/
    What-is-Bantay-Ceasefire.pdf. Zugegriffen: 14. August 2019.

2. Besonders *Nonviolent Peaceforce* und einige in Palästina tätige Organisationen machen gute Erfahrungen mit einer Mischung aus lokalen und internationalen Friedensfachkräften. Beide bringen ihre spezifischen Stärken ein, wobei die lokalen Kräfte oft die Schlüsselpersonen sind, nicht nur als die Expertinnen und Experten für die lokale Situation, sondern auch als Schutzgebende für die internationalen Akteure.

3. Alle lokalen Gemeinschaften haben, wie auch eigentlich alle Gruppen von Aktivistinnen und Aktivisten, ihr eigenes Wissen und ihre eigenen Erfahrungen im Umgang mit drohender Gewalt und Verfolgung. Dass sie oft nicht ausreichen, ist offensichtlich, aber in vielen Situationen tun sie es – das wird nur oft nicht so wahrgenommen und wurde auch bislang (außer von dem erwähnten Wissenschaftler Casey Barrs) kaum studiert.

2.4   Protest und Widerstand

In praktisch allen Ländern der Welt gibt es (Bürgerrechts-, Umwelt-, Friedens-, Frauen-, LGBTQI[8]- und Menschenrechts-)Aktivistinnen und Aktivisten, die sich für bestimmte Anliegen einsetzen, zum Beispiel gegen Extraktivismus oder für Bürgerrechte (vgl. Schweitzer 2018). Sie mögen (das gilt besonders für Menschenrechtsverteidigerinnen und -verteidiger) gut vernetzt in die internationale Welt sein, aber per Definition sind sie primär lokale Akteure. Entsprechend heißt es auch bei den Vereinten Nationen:

> "The majority of human rights defenders work at the local or national level, supporting respect for human rights within their own communities and countries. In such situations, their main

---

8   LGBTQI steht für: Lesbian, Gay, Bisexual, Transgender, Queer, Intersexual.

counterparts are local authorities charged with ensuring respect for human rights within a province or the country as a whole. However, some defenders act at the regional or international level. They may, for example, monitor a regional or worldwide human rights situation and submit information to regional or international human rights mechanisms […]. Increasingly, the work of human rights defenders is mixed, with the focus being on local and national human rights issues, but with defenders making contact with regional and international mechanisms which can support them in improving human rights in their countries."[9]

Wenn es um Aktivismus beziehungsweise zivilen Widerstand geht, sind die lokalen Akteure eine Konfliktpartei, allerdings eine gewaltlos oder gewaltarm agierende. Es gibt etliche neuere Studien zu diesem Thema, zum Beispiel die bekannte Studie von Erica Chenoweth und Maria J. Stephan (2011). Sie verglichen zivilen und bewaffneten Widerstand miteinander und wiesen nach, dass ziviler Widerstand doppelt so erfolgreich ist als gewaltsamer: Bei 323 Aufständen und politischen Bewegungen für Demokratie zwischen 1900 und 2006 hatten in 51 Ländern gewaltfreie Bewegungen Erfolg, in weiteren 26 Ländern Teilerfolge. Die gewaltlosen beziehungsweise gewaltarmen Aufstände waren zu 52 Prozent erfolgreich, die gewaltsamen nur zu 26 Prozent.

Im Rahmen der neuen Forschungsrichtung der *Resistance Studies* (vgl. www.resistance-journal.org) wird unter anderem auch gefragt, welche Rolle die Unterstützung zivilen Widerstands durch externe Akteure spielt. Sie kommen zu dem Ergebnis, dass diese oft eher kritisch als hilfreich ist. So besteht die Gefahr, dass solche Unterstützung die Glaubwürdigkeit von Bewegungen untergräbt, da sie sich dem Vorwurf öffnen, „fremdgesteuert" zu sein. Das gilt insbesondere für jene Fälle, wenn die Unterstützung aus

---

9   https://www.ohchr.org/en/issues/srhrdefenders/pages/defender.aspx. Zugegriffen 13. August 2019.

dem Globalen Norden beziehungsweise konkreter den USA oder Westeuropa kommt. Solche Beschuldigungen gehören zum Standardrepertoire von repressiven Regierungen, zu dem bestimmte linke Gruppierungen das Echo liefern (vgl. Johansen 2017).

Damit hängt ein weiteres Thema zusammen: In etlichen Ländern der Welt wurden in den vergangenen zwanzig Jahren Gesetze geschaffen, die es der einheimischen Zivilgesellschaft erschweren, finanzielle Förderung aus dem Ausland zu beziehen. Dazu kommen weitere Instrumente, von gesteuerten Desinformationskampagnen über willkürliche Strafverfolgungen bis hin zu Entführungen und Morden – zusammengenommen das Phänomen, das heute meist unter dem Begriff des *shrinking space* (schrumpfenden Raums) für die Zivilgesellschaft behandelt wird (vgl. u. a. Swisspeace 2016).

3 Möglichkeiten und Grenzen lokaler Akteure im Vergleich zu internationalen

Im Folgenden soll versucht werden, die Befunde zu lokalen Akteuren aus den verschiedenen, oben angesprochenen Diskursen zusammenzufassen. Ein erster wichtiger Punkt, der oft angeschnitten wird, ist hier die Frage von *Parteilichkeit versus Unparteilichkeit.* Lokale Akteure tun sich generell schwer damit, als unparteilich wahrgenommen zu werden. Besonders in Konflikten, die in ethnischen oder religiösen Grenzziehungen zwischen sozialen Gruppen begründet werden, bedeutet oft schon die Zugehörigkeit zu einem Volk oder einer Religion, dass man zu der einen oder anderen Seite in dem Konflikt gezählt wird. Allerdings gilt Ähnliches auch für internationale Akteure: In vielen Ländern werden sie ebenfalls der einen oder anderen Konfliktpartei zugeordnet. Das gilt für zivile NGOs genauso wie für UN-Blauhelme (vgl. Paddon Rhoads 2016).

Damit soll nicht suggeriert werden, dass jede Konfliktbearbei-
tung dem Prinzip der Unparteilichkeit folgt. Auf internationaler
Seite haben wir das Konzept der Solidaritätsarbeit mit lokalen
Gruppen (oder gar Staaten – man denke an Solidarität für El
Salvador oder Nicaragua in der Zeit der dortigen sozialistischen
Regierungen), und auch lokale Initiativen können sich eindeutig
einer Seite zuordnen, aber für eine gewaltfreie oder -arme Form
des Konfliktaustrags eintreten. Dazu zählen beispielsweise viele der
NGOs, die in Palästina tätig sind, wie das *International Solidarity
Movement* (vgl. https://palsolidarity.org/). .

Was die *Legitimität und Glaubwürdigkeit* anbelangt, werden
lokale Akteure in der Regel höher bewertet als internationale. Sie
sind gewissermaßen die „owner" eines Friedensprozesses, weil sie
von seinem Ergebnis unmittelbar betroffen sind, und müssen sich
deshalb weniger rechtfertigen. Legitimität hat zudem auch mit dem
Zeitrahmen des Engagements zu tun: Während internationale
Akteure, seien es NGOs oder Staaten, in Projekten und Jahren
denken, sind Einheimische in der Regel langfristig, manchmal
„lebenslang" engagiert (vgl. Hellmüller 2014).

Ein weiterer Aspekt, bei dem die lokalen Akteure eindeutig
überlegen sind, ist der des *Wissens über den lokalen Kontext* und
die *Angemessenheit von Eingriffen*. Internationale Akteure tendieren
eher dazu, Wissen oder Vorannahmen aus anderen Kontexten zu
übertragen (vgl. Hellmüller 2014). In vielen Fällen haben lokale
Akteure einen leichteren Zugang zu Konfliktgebieten, weil sie als
Einheimische die Situation besser einschätzen und von Sicher-
heitskräften auch eher passieren gelassen werden. Im Hinblick auf
ihre Gefährdung lassen sich keine verallgemeinernden Aussagen
im Vergleich von lokalen und internationalen Akteuren treffen; in
manchen Kontexten sind internationale Akteure mehr gefährdet,
in anderen lokale Aktivistinnen und Aktivisten. Da, wo Formen
des zivilen *Peacekeeping* praktiziert werden, findet man oft eine Art

von gegenseitigem Schutz: Die internationalen Akteure stellen für die lokalen Aktivistinnen und Aktivisten aufgrund des von ihnen mitgebrachten Gewichts („die Welt schaut zu") einen Schutz dar, während umgekehrt die lokalen Akteure die internationalen ebenso beschützen, zum Beispiel dank ihres Wissens um die Präsenz von lokalen Gefährdern und ihres Einflusses auf diese. Doch generell ist das Niveau der Gefährdung für lokale Akteure als eher hoch einzuschätzen, wie die einschlägigen Statistiken über Festnahmen und Morde an Menschenrechtsaktivistinnen und -aktivisten[10], Journalistinnen und Journalisten[11] sowie Übergriffe auf die Zivilbevölkerung eindeutig demonstrieren.

Einen Vorteil mögen internationale Akteure haben, wenn es um den Zugang zu den Eliten des Landes und zu anderen im Land agierenden internationalen Organisationen geht. Die oft zu beobachtende Arroganz solch internationaler Organisationen kann zum Beispiel da beobachtet werden, wo lokale Hilfsorganisationen von Koordinierungstreffen von Hilfsorganisationen, wie sie in vielen Ländern von den Vereinten Nationen oder großen privaten Organisationen einberufen werden, ausgeschlossen oder nur zögerlich zugelassen werden – ein Phänomen, das die Autorin selbst in mehreren Ländern beobachten konnte.

Das letzte Vergleichsfeld betrifft die *finanziellen Ressourcen.* Hier sind lokale Akteure in der Regel eindeutig im Nachteil und oft abhängig von externen Akteuren, obwohl sie meistens weniger sogenannte *Overhead*-Kosten (Kosten für die allgemeine Verwaltung) verursachen als internationale Organisationen, also kostengünstiger operieren: Zum einen wird ihnen eine Rechenschafts-

---

10 Vgl. https://www.vaticannews.va/de/welt/news/2019-04/opfer-gewalt-menschenrechte-solidaritaet.html. Zugegriffen: 12. August 2019.

11 Vgl. https://www.reporter-ohne-grenzen.de/jahresbilanz/2018/. Zugegriffen: 12. August 2019.

pflicht (*accountability*) gegenüber internationalen Geldgebern aufgezwungen, deren Komplexität und oftmals nur ungenügend auf die lokalen Verhältnisse passenden Richtlinien für Projekte ihre Arbeitsbelastung drastisch erhöhen und im Extremfall sogar Projekte beschädigen können.

Zum anderen können lokale NGOs ihren Angestellten in der Regel weniger zahlen als internationale und verlieren deshalb häufig hoch qualifizierte Mitarbeiterinnen und Mitarbeiter an internationale NGOs oder Organisationen. Gleichzeitig entsteht dort, wo viele internationale NGOs oder Organisationen tätig sind, eine Erwartungshaltung, bezahlt zu werden (zum Beispiel auch für die Teilnahme an Workshops und Seminaren), was ehrenamtliche Arbeit und freiwilliges Engagement beschädigt. Außerdem hindert – wie teilweise eingewandt wird – die Finanzierung des „dritten Sektors" Aktive daran, sich Parteien oder Regierungsinstitutionen anzuschließen oder andere notwendige Aufgaben (zum Beispiel als Lehrerinnen und Lehrer) wahrzunehmen, weil sie von NGOs besser bezahlt werden (vgl. Hellmüller 2014).

Was den Vorwurf des *Mushrooming* von Organisationen angeht, sobald internationales Geld fließt, besonders die Gründung von nationalen NGOs in Städten, die sich wieder auflösen, sobald das Geld versiegt, handelt es sich hierbei unzweifelhaft um ein Phänomen, das überall dort zu beobachten ist, wo nach einer Krise (oder Umweltkatastrophe) viele internationale Organisationen ins Land kommen. Was aber oft übersehen wird: Auch internationale Organisationen sind in der Regel von Geldgebern abhängig und orientieren sich an den jeweils neuesten Budgetlinien der internationalen Geldgeber.[12]

---

12 Eigene Erfahrungen der Autorin im Westbalkan und in einigen Ländern in Asien und Afrika.

Internationale Akteure	Lokale Akteure
geben oft vor, unparteilich zu sein, sind aber oftmals dennoch interessengeleitet	selten 100 % unparteilich
Solidaritätsarbeit als anderer Ansatz neben „unparteilicher" Intervention	Eingreifen als Konfliktvermittler/innen oder im Rahmen von Solidaritätsarbeit Objekt von internationaler Solidaritätsarbeit (gleichberechtigter Austausch fehlt oft)
geringere Legitimität und Problem der Glaubwürdigkeit	hohe Legitimität als Einheimische, die in dem Konflikt leben
zumeist kurzfristiges Engagement	langfristiges Engagement (teilweise „lebenslang")
Versuch, Wissen oder Vorannahmen aus anderen Kontexten zu übertragen	Wissen über lokalen Kontext und Angemessenheit von Interventionen; Kenntnis lokaler Sprachen
begrenzter Zugang zu Konfliktgebieten	besserer Zugang zu Konfliktgebieten
leichter Zugang zu höchster Ebene und *peer-to-peer* mit anderen internationalen Eingreifenden	schwieriger Zugang zur Elite (sofern sie nicht selbst dazugehören) und zu internationalen Eingreifenden
zumeist viele Ressourcen	wenig Ressourcen, u. U. finanzielle Abhängigkeit von externen Akteuren
benötigen viel Overhead für Finanzierung von Projekten	zumeist als „kosteneffizienter" angesehen
Rechenschaftspflicht (*accountability*) eher gegenüber internationalen Geldgebern als gegenüber den Nutznießern im Land; ist noch stärker ausgeprägt als bei lokalen Akteuren	Rechenschaftspflicht (*accountability*) gegenüber internationalen Geldgebern wird ihnen aufgezwungen

Internationale Akteure	Lokale Akteure
hohe Gehälter, auch für nationale Mitarbeiter/innen (in Relation zum lokalen Markt)	geringe Gehälter, verlieren deshalb häufig hoch qualifizierte Mitarbeiter/innen an internationale NGOs oder Organisationen
breites Spektrum von rein ehrenamtlicher Arbeit über Modelle wie die des deutschen Entwicklungshelferentsendegesetzes bis hin zu professionell (bezahlter) Arbeit	Beschädigung ehrenamtlicher Arbeit: Erwartung einer Entlohnung (das Konzept der Ehrenamtlichkeit ist ein spezifisch europäisch-nordamerikanisches)
Projekthopping der internationalen professionellen Szene; andererseits ist Auslandsarbeit oft ein Nachteil bei der Karriereplanung	Finanzierung von „drittem Sektor" hindert Aktive daran, sich Parteien oder Regierungsinstitutionen anzuschließen oder andere notwendige Aufgaben wahrzunehmen (z. B. als Lehrer/innen)
Vorwurf: *Mushrooming,* Abhängigkeit von Geldgebern und *budget lines* auch bei Internationalen („Die Karawane zieht weiter")	Vorwurf: *Mushrooming* von Organisationen, sobald internationales Geld fließt; Gründung von nationalen NGOs in Städten, oft auf ethnischer Basis, lösen sich auf, sobald Geld versiegt, führen zu *Disempowerment* von „echten" Gruppen fernab der Hauptstädte
Vorwürfe der Korruption	Vorwürfe der Korruption

Abb. 1   Vergleich internationaler und lokaler Akteure

4   Fazit

Lokale Akteure spielen eine, ja die entscheidende Rolle dafür, dass gewaltsame Konflikte konstruktiv bearbeitet, die Gewalt abgebaut sowie Frieden und Gerechtigkeit geschaffen werden. Das Verhältnis von lokalen zu internationalen Akteuren muss neu durchdacht werden, gibt es bei Letzteren ein weitverbreitetes Phänomen der Arroganz und Missachtung der lokalen Akteure. Die internationalen Organisationen sehen sich oft als die einzigen oder wichtigsten Akteure an und behandeln lokale Organisationen sowie lokale Aktivistinnen und Aktivisten eher als die Empfängerinnen und Empfänger von *capacity building* denn als Expertinnen und Experten vor Ort. Zu den weiteren primären Herausforderungen gehören ihre Gefährdung, besonders bei hohem Gewaltlevel, und die Tendenz zum angesprochenen *shrinking space* für die Zivilgesellschaft in immer mehr Ländern der Welt, oftmals gestützt durch postdemokratische und populistische Regime.

Literatur

Anderson, Mary B. und Lara Olson (Hrsg.). 2003. Confronting War: Critical Lessons for Peace Practitioners. http://www.cdainc.com. Zugegriffen: 3. Juni 2006.

Barrs. Casey. 2019. Unarmed Civilian Protection (UCP) and the Question of Preparing for Worst-Case Scenarios. https://www.nonviolent-peaceforce.org/what-we-do/about-3/new-report-good-practices2. Zugegriffen: 12. August 2019.

Chenoweth, Erica und Maria J. Stephan. 2011. *Why Civil Resistance Works. The Strategic Logic of Nonviolent Conflict*. New York: Colombia University Press.

Furnari, Ellen (Hrsg). 2016. *Wielding Nonviolence in the Face of Violence*. Norderstedt: Institut für Friedensarbeit und Gewaltfreie Konfliktaustragung.

Galtung, Johan. 2002. Peace Journalism – A Challenge. In *Journalism and the New World Order, Vol. II: Studying War and the Media*, hrsg. Von Wilhelm Kempf und Heikki Luostarinen, 259–272. Göteborg: Nordicom.

Gerster, Petra. 2005. *Die Friedensmacher*. München: Carl Hanser.

Hellmüller, Sara. 2014. International and Local Actors in Peacebuilding: Why Don't They Cooperate? https://www.files.ethz.ch/isn/178891/WP_4_2014.pdf. Zugegriffen: 12. August 2019.

Johansen, Jørgen. 2017. *Externe Unterstützung für gewaltfreie Revolutionen – Eine Analyse*. Minden: Bund für Soziale Verteidigung.

Lederach, John Paul. 1997. *Building Peace. Sustainable Reconciliation in Divided Societies*. Washington: United States Institute of Peace Press.

Lederach, John Paul. 2001. Civil Society and Reconciliation. In *Turbulent Peace. The Challenges of Managing International Conflict*, hrsg. von Cheaster A. Crocker, Fen Osler Hampson und Pamela Aal, 841–854. Washington: United States Institute of Peace Press.

Lewer, Nick und Oliver Ramsbotham. 1993. *Something Must Be Done. Towards an Ethical Framework for Humanitarian Iintervention International Social Conflict*. Bradford: University of Bradford.

Paddon Rhoads, Emily. 2016. *Taking Sides in Peacekeeping: Impartiality and the Future of the United Nations*. Oxford: Oxford University Press.

Paffenholz, Thania (Hrsg). 2010. *Civil Society and Peacebuilding: A Critical Assessment*. Boulder: Lynne Rienner Publishers.

Paffenholz, Thania und Christoph Spurk. 2006. Civil Society, Civic Engagement, and Peacebuilding. www.//siteresources.worldbank.org/INTCPR/Resources/WP36_web.pdf. Zugegriffen: 14. November 2008.

Schweitzer, Christine. 2010. *Strategies of Intervention in Protracted Violent Conflicts by Civil Society Actors: The Example of Interventions in the Violent Conflicts in the Area of Former Yugoslavia, 1990–2002*. Vehrte: Soziopublishing.

Schweitzer, Christine. 2018. Ziviler Widerstand und Soziale Verteidigung. Was wir heute über die Realität von Sozialer Verteidigung wissen. In *Schnee von gestern oder Vision von morgen? Neue Wege Sozialer Verteidigung*. Minden: Bund für Soziale Verteidigung.

Schweitzer, Christine. 2018–2020. Nonviolent Peaceforce Good Practice Workshops. https://www.nonviolentpeaceforce.org/what-we-do/about-3/new-report-good-practices2. Zugegriffen: 12. August 2019.

Swisspeace. 2016. Ist noch Raum für die Zivilgesellschaft? *KOFF-Newsletter* Mai 2016.

United Nations Human Rights Office (UNHRO). 2016. Human Rights and Traditional Justice Systems in Africa. https://www.ohchr.org/Documents/Publications/HR_PUB_16_2_HR_and_Traditional_Justice_Systems_in_Africa.pdf.

Aporien ziviler Konfliktbearbeitung
Über Wirkungsanalysen, Indikatoren und Verfahren als friedensethische Prüfsteine und die Frage nach Gerechtigkeit

Rebecca Gulowski

„Die Gerechtigkeit ist eine Erfahrung des Unmöglichen […]. Das Recht ist nicht die Gerechtigkeit. Das Recht ist ein Element der Berechnung. […] Die Gerechtigkeit dagegen ist unberechenbar, widerspenstig gegen jede Regel. Gleichzeitig wird sie und muss sie in Form des Rechts ausgeübt werden. Das Recht enthält aber den Anspruch einer Ausübung, die im Namen der Gerechtigkeit geschieht" (Derrida 2002 [1991], S. 417f.).

1 Einleitung

Der Begriff der zivilen Konfliktbearbeitung ist ein im deutschspra-chigen Diskurs in den 1990er Jahren aufgekommener Begriff, unter dem sich in den letzten 30 Jahren eine Gemengelage verschiedener Gruppierungen, Aktivitäten und Politiken subsumieren lässt. Deren jeweilige Orientierungen und Ziele unterscheiden sich nicht nur, sondern widersprechen sich auch in Teilen, auch wenn sicherlich postuliert werden kann, dass die zivile Konfliktbearbeitung in ihren unterschiedlichen Ausprägungen immer „ein Mehr" an Frieden beabsichtigt. Die Vielfältig- und Uneindeutigkeit der zivilen Kon-

85

© Springer Fachmedien Wiesbaden GmbH, ein Teil von Springer Nature 2020
I.-J. Werkner und H.-G. Stobbe (Hrsg.), *Friedensethische Prüfsteine
ziviler Konfliktbearbeitung*, Gerechter Frieden,
https://doi.org/10.1007/978-3-658-28641-5_6

fliktbearbeitung entwickelte sich vor dem Hintergrund der neuen politischen wie gesellschaftlichen Bedingungen mit Beendigung des Ost-West-Konflikts sowie der darauffolgenden Ermöglichung einer Perspektivenerweiterung sicherheitspolitischer Belange um Fragen des eigenen (hier: deutschen) „inneren Friedens" (EKD 2007, Ziff. 170). Was jedoch unter der Idee des Friedens – selbst aus politikwissenschaftlichem Blickwinkel – zur verstehen ist, bleibt mindestens so uneindeutig wie die zivile Konfliktbearbeitung selbst. Dass Frieden mehr ist als die Abwesenheit von Gewalt, beschrieb Dieter Senghaas bereits 1969, als er die internationalen, aber eben auch gesellschaftlichen, zivilen Verhältnisse der Abschreckungs- politik als „organisierte Friedlosigkeit" bezeichnete. Fast zeitgleich führte Johan Galtung (1969) den Begriff der strukturellen Gewalt und damit auch die Begriffe des negativen und positiven Frie- dens in die Debatte ein, was die Ambiguität des Friedensbegriffs manifestierte. Dies kann sicher als ein wichtiger Grund für die heute fehlende Theoretisierung der zivilen Konfliktbearbeitung verstanden werden, deren Ziel eben jener oder jene Frieden ist beziehungsweise sind. Daran anschließend lässt sich mit Blick auf die Forschungslandschaft zur zivilen Konfliktbearbeitung sowie auf politische Policy- und Grundlagendokumente der Bundesre- gierung – wie etwa das *Review* 2014 des Auswärtigen Amtes, das Weißbuch des Bundesministeriums der Verteidigung von 2016 und das PeaceLab16 des Auswärtigen Amtes der Jahre 2016 bis 2017 (vgl. Mickan et al. 2017) – eine zunehmende Politisierung, wenn nicht sogar Instrumentalisierung des Begriffs erkennen, die ebenfalls auf Kosten einer dezidiert theoretischen Auseinander- setzung mit der zivilen Konfliktbearbeitung gehen (vgl. Gulowski und Weller 2017). Damit fehlt ein wichtiger Grundstein für mög- liche Wirkungsanalysen sowie für die im Rahmen einer zivilen Konfliktbearbeitung anzulegenden Indikatoren und adäquaten Verfahren. Damit sehen sich Theoretikerinnen und Theoretiker

wie Praktikerinnen und Praktiker vor die Wahl gestellt, entweder
die zivile Konfliktbearbeitung als theoretisches Konzept ganz in
den Hintergrund treten zu lassen, um aktivistische, politische,
wissenschaftliche – eben zivile – Bestrebungen im Einzelnen zu
benennen und zu untersuchen, oder aber die zivile Konfliktbearbeitung in ihrem theoretischen Begründungszusammenhang
näher zu betrachten beziehungsweise einen solchen überhaupt
erst zu entwickeln und anzubieten.

Dieser Beitrag möchte Letzteres leisten und vor dem Hintergrund des gerechten Friedens – dessen primäre Aufgabe laut
der Evangelischen Kirche in Deutschland (EKD 2007) die zivile
Konfliktbearbeitung sein soll – einen theoretischen Vorschlag
unterbreiten, wie zivile Konfliktbearbeitung in ihrer Wirkung
bewertet werden kann. Dabei fokussiere ich nicht auf die Frage
nach dem oder den Verständnissen und Ideen von „Frieden"
(vgl. u. a. Galtung 1969; Senghaas 2004; Dietrich 2008), sondern
auf den Aspekt der Gerechtigkeit, um die Möglichkeiten einer
konsequent theoretischen Verortung der zivilen Konfliktbearbeitung herauszuarbeiten. Da sich die zivile Konfliktbearbeitung im
Diskurs der Friedensforschung – und eben nicht mehr im Rahmen der klassischen Disziplin der Internationalen Beziehungen
und deren inhärentem Verständnis von Gerechtigkeit im Sinne
einer Ideal-Theorie (Rawls 1979) oder eines ewigen Friedens nach
Immanuel Kant – entwickelte, stütze ich mich in meinen Überlegungen zu einem für die zivile Konfliktbearbeitung geeigneten
theoretischen Verständnis von Gerechtigkeit auf die sozialphilo-
sophischen Überlegungen Jacques Derridas und Axel Honneths.
Beiden ist zunächst ihre Kritik an einer klassisch liberalen Ge-
rechtigkeitsvorstellung gemein; und beide sind anschlussfähig
an eine interdisziplinäre Auseinandersetzung, die sich, wie auch
die Friedensforschung selbst, „von den etablierten politischen

wie wissenschaftlichen Diskursen des Ost-West-Konflikts klar abgrenzt" (Weller und Böschen 2018, S. 4).

Zunächst führt der Beitrag in die Aporien ziviler Konfliktbearbeitung ein (Abschnitt 2). Diese führen dazu, dass zivile Konfliktbearbeitung als Konzept, Begriff oder Idee *immer* und notwendigerweise zwischen ihrem idealen Anspruch und der nicht-idealen praktischen Wirklichkeit oszillieren wird und, wie gezeigt werden soll, auch oszillieren muss, um nicht statisch zu werden und somit Effekte zu produzieren, die ihrem eigenen Anspruch zuwiderlaufen (*social engineering*). Im Anschluss an die theoretischen Überlegungen zu einem für die zivile Konfliktbearbeitung und das ihr zugeschriebene Ziel des gerechten Friedens geeigneten Verständnis von Gerechtigkeit (Abschnitt 3) sollen die Konsequenzen dieser Feststellung erörtert und Möglichkeiten der praktischen Umsetzung skizziert werden (Abschnitt 4).[1]

2   Aporien ziviler Konfliktbearbeitung

Zivile Konfliktbearbeitung wird in diesem Beitrag verstanden als

> „die Ermöglichung sozialen Wandels durch Vergesellschaftungsprozesse, in denen die Bearbeitung von Konflikten durch Transformationen auf struktureller, institutioneller und/ oder Akteur*innen-Ebene erfolgt" (Gulowski und Weller 2017, S. 407).

So bekommt man die immer vorhandene, jedoch nicht immer explizit gemachte normative und politische Schlagseite der zivilen

---

[1] Mein großer Dank gilt Martin Oppelt, der mich mit seinem umfangreichen Wissen über Gerechtigkeitstheorien, seinen zahlreichen Kommentaren und seinem wichtigen Feedback bei der Erstellung des Textes unterstützt hat.

Konfliktbearbeitung in den Blick. Damit bleiben die Vorstellungen ihrer grundlegenden Dimensionen, wie zum Beispiel „zivil",
„Konflikt", „Gewalt", „Frieden", „Staatlichkeit" und „Demokratie"
notwendig dynamisch, sprich Gegenstand von wissenschaftlichen
Debatten sowie gesellschaftlichen und politischen Konflikten und
entziehen sich dadurch letztgültigen Definitionen und Festlegun-
gen. Dies ist jedoch keinesfalls als problematisch zu bewerten,
vielmehr sollte die

> „darauf bezogene Uneinigkeit […] auch bearbeitbar bleiben, wozu
> die Friedens- und Konfliktforschung ihren Beitrag zu leisten hat,
> indem sie die Bedeutungszuschreibungen ihrer Begriffe reflektiert
> und alternative Lesarten anbietet, um Debatten – und Konflikte
> – über Konzepte, Gewissheiten und mögliche Wege zum Frieden
> anzustoßen und transformierbar zu halten" (Gulowski und Weller
> 2017, S.408).

Darin zeigt sich also die Unmöglichkeit, die zivile Konfliktbearbeitung in klaren Begriffen, Aktionen und Maßnahmen festzuhalten
oder festzustellen. Vielmehr hat man es bei der Frage nach geeigneten Verfahren, Methoden oder Zielen ziviler Konfliktbearbeitung
stets mit der Aporie zwischen dem Wunsch nach Eindeutigkeit und
Universalität sowie der Umsetzbarkeit und der Berücksichtigung
partikularer Interessen und singulärer Kontexte zu tun. Auf der
einen Seite steht also ein Verständnis von ziviler Konfliktbearbeitung, das auf einem universalistischen, also überzeitlich
und kontextunabhängig geltendem Standpunkt basiert und das
eine Kritik und mögliche Veränderung oder gar Verbesserung
gesellschaftlicher Verhältnisse nur im größtmöglichen Abstand
zwischen Ideal und Wirklichkeit überhaupt für möglich hält. Auf
der anderen Seite steht ein Verständnis von ziviler Konfliktbearbeitung, das eine zu abstrakte und realitätsferne Theoriebildung
dafür kritisiert, viel zu hohe Ansprüche zu stellen und damit

jeden Anspruch auf praktische Umsetzbarkeit vorschnell zu verschenken. Aus dieser Perspektive muss es hingegen viel stärker darum gehen, konkrete Handlungspraktiken aus den vielleicht imperfekten, jedoch historisch gewachsenen, kontextspezifischen und damit für die jeweiligen Betroffenen ebenso plausiblen wie relevanten Gegebenheiten menschlichen Zusammenlebens – und nicht aus universalen Prinzipien, Normen und Werten eines abstrakten Ideenhimmels – abzuleiten. Ich spreche nun in diesem Zusammenhang von einer Aporie und nicht von einem einfachen Widerspruch zwischen zwei unterschiedlichen Perspektiven auf die zivile Konfliktbearbeitung, weil ich überzeugt davon bin, dass man das Spannungsverhältnis zwischen beiden nicht zugunsten einer Seite auflösen sollte beziehungsweise auflösen kann. Vielmehr ist diese Spannung selbst konstitutiver Bestandteil der zivilen Konfliktbearbeitung und als solcher unauflöslich. Um sich also der Möglichkeit einer theoretischen Fundierung geeigneter Wirkungsanalysen, Indikatoren und Verfahren, also friedensethischer Prüfsteine ziviler Konfliktbearbeitung zu nähern und dabei zugleich dem von der EKD formulierten Anspruch eines gerechten Friedens zu folgen, ist aus meiner Perspektive zunächst ein Verständnis von Gerechtigkeit anzulegen, das der genannten Aporie einer zwischen universalem Anspruch und praktischer Bodenhaftung oszillierenden zivilen Konfliktbearbeitung gerecht werden kann. Ein solches möchte ich im Folgenden aus den theoretischen Überlegungen Jacques Derridas (Abschnitt 3.1) und Axel Honneths (Abschnitt 3.2) rekonstruieren.

3 Gerechtigkeit und zivile Konfliktbearbeitung

Wenn man eine Theoretisierung der zivilen Konfliktbearbeitung anhand der Leitidee des gerechten Friedens leisten möchte, weil eine solche Theoretisierung die Voraussetzung jedweder Wirkungsanalysen und Evaluationen ist, dann braucht es dafür zunächst ein Verständnis von Gerechtigkeit, das diese ebenso wie die zivile Konfliktbearbeitung in ihrer homöostatischen Dynamik fassen kann und beide nicht als individualistisch, proceduralistisch und austeilend, sondern als intersubjektive und kontextsensible Beziehungsweisen denkt. Ein solches Gerechtigkeitsverständnis lässt sich meines Erachtens aus den Überlegungen Jacques Derridas und Axel Honneths ableiten, die ich im Folgenden rekonstruieren möchte, um im Anschluss daran praktische Schlussfolgerungen für die zur Diskussion stehende Frage nach den Wirkungsanalysen einer zivilen Konfliktbearbeitung zu ziehen.

3.1 „Die Gerechtigkeit wartet nicht" – Überlegungen zu einem homöostatischen Gerechtigkeitsverständnis mit Jacques Derrida

In „Gesetzeskraft. Der mythische Grund der Autorität" dekonstruiert Derrida den in liberalen und rechtsstaatlich organisierten demokratischen Gesellschaften vorherrschenden Glauben an die Herstellung von Gerechtigkeit mittels des formalisierten Rechts, indem er die Aporien zwischen dem konkreten Recht und der universalen Idee der Gerechtigkeit herausarbeitet. Die „schwierige Unterscheidung" von Recht und Gerechtigkeit verdeutlicht er dann anhand dreier Aporien: der „Epoché der Regel", der „Heimsuchung

durch das Unentscheidbare" und der „Dringlichkeit, die den Horizont des Wissens versperrt". Die *Epoché* der Regel setzt Derrida in
Beziehung zur Idee der individuellen Autonomie und Freiheit als
Prämisse menschlichen Handelns. Das politische Denken westlicher
demokratischer Gesellschaften gehe davon aus, dass Menschen
„frei sein müssen, verantwortlich für unsere Handlungen, für
unser Verhalten, für unser Denken, für unsere Entscheidungen,
um gerecht oder ungerecht sein zu können" (Derrida 2002 [1991],
S. 418). Ohne Freiheit, keine Gerechtigkeit, so lässt sich Derridas
Idee hier zusammenfassen.

Für Derrida ist Gerechtigkeit nämlich eine

> „Erfahrung des Unmöglichen. [...] Das Recht ist nicht die Ge
> rechtigkeit. Das Recht ist das Element der Berechnung; es ist
> nur (ge)recht, dass es ein Recht gibt, die Gerechtigkeit indes ist
> unberechenbar: sie erfordert, dass man mit dem Unberechenbaren
> rechnet" (Derrida 2002 [1991], S.417).

Derrida lehnt also – genau wie Honneth – die Vorstellung ab, dass
man Gerechtigkeit durch die (gerechte) Verteilung bestimmter
Güter berechnen und herstellen könnte. Und dennoch, obwohl
das (austeilende, verteilende) Recht niemals Gerechtigkeit wird
ausüben können, muss Gerechtigkeit gleichzeitig und notwendig
in Form des Rechts ausgeübt werden: „Das Recht enthält aber
den Anspruch einer Ausübung, die im Namen der Gerechtigkeit
geschieht" (Derrida 2002 [1991], S.418). Dieses Gerechtigkeitsverständnis legt damit die gleiche Bewegung an, wie die zivile
Konfliktbearbeitung, nämlich in einem Widerspruch zu existieren,
der sich zwischen Universalität und Partikularität bewegt und
der hier mit Derrida als Aporie bezeichnet wird. Derrida geht es
nun weder darum, deren Paradoxie aufzulösen, und noch weniger
darum, politischen, sozialen und ethischen Grundbegriffen und
Institutionen ihre Relevanz und Legitimität für die politische

Praxis abzusprechen, etwa weil sie ideologisch oder idealistisch sind. Hinter seiner dekonstruktivistischen Kritik steckt vielmehr der Anspruch aufzuzeigen, dass und inwiefern soziale und politische Institutionen dem Anderen in seiner Einzigartigkeit, in seiner Singularität nicht hinreichend gerecht werden und dies auch niemals werden können. Zugleich hält er aber an den historisch gewachsenen und über die Zeitläufte mit Sinn und Legitimität aufgeladenen Grundbegriffen und Institutionen fest, da ohne sie oder außer ihnen keine Handlungsoptionen jenseits des Fatalismus, Nihilismus und der Willkür bestehen blieben. Worauf Derrida in seiner Diskussion der Aporien der Gerechtigkeit letztlich also abzielt, ist die Schaffung eines Verständnisses für die Kontingenz und Historizität gesellschaftlicher und politischer Grundbegriffe, Normen und Institutionen, um so deren Autoimmunisierung unter dem Label des Universalismus zu verhindern und damit zu vermeiden, dass sie sich möglicher zukünftiger Veränderungen entziehen.

Deshalb, und das ist bei der Frage nach anerkannten Verfahren und Indikatoren für die Wirkungsanalyse der zivilen Konfliktbearbeitung unter der Leitidee des gerechten Friedens zu beachten, ist die „Erfahrung", die

> „Prüfung des Unentscheidbaren, durch die [...] jede Entscheidung hindurchmuss, [...] niemals ein Vergangenes, [...] sie ist nie ein [...] durch die Entscheidung *aufgehobenes* Moment. Jeder Entscheidung [...] wohnt das Unentscheidbare wie ein Gespenst inne [...]. Sein Gespensterhaftes dekonstruiert im Inneren jede Gegenwarts-Versicherung, jede Gewissheit, jede vermeintliche Kriteriologie, welche die Gerechtigkeit einer Entscheidung (eines Entscheidungs-Ereignisses) (ver)sichert, ja welche das Entscheidungs-Ereignis selbst sicherstellt" (Derrida 2002 [1991], S. 421).

Was Derrida hier sagen will und was auch für die zivile Konfliktbearbeitung als relevant erachtet werden muss, ist, dass die individualistische Vorstellung des verantwortlichen, autonomen und freien Subjekts, das mit einem Bewusstsein ausgestattet ist und in freier Abwägung des Für und Wider „seine" Entscheidungen trifft, für die es dann wiederum voll verantwortlich gemacht werden kann und muss, hier nicht gelten kann. Gerechtigkeit ist nicht und kann auch keine Frage individueller Entscheidung unter der abstrakten und universalen Vorstellung einer ebenso kontext- wie beziehungslosen Entscheidungsfreiheit sein. Eine Kriteriologie in diesem Sinne ist also mit Derrida als Unmöglichkeit zu begreifen. In Analogie zu einem so verstandenen Individuum als Adressatin und Adressat universalistischer Gerechtigkeitsansprüche muss eine solche Vorstellung mit Derrida als Mythos verstanden werden, wenngleich als ein wirkmächtiger und für die Praxis relevanter und damit bis auf Weiteres alternativloser Mythos, mit dem es umzugehen gilt.

Mit Blick auf die Problematik der zivilen Konfliktbearbeitung unter der Prämisse des gerechten Friedens ist schließlich Derridas Aporie der „Dringlichkeit, die den Horizont des Wissens versperrt", von Bedeutung. Derrida macht hier seinen Vorbehalt gegenüber allen Horizonten deutlich, die für ihn immer Öffnung und Begrenzung zugleich sind und sich als solche für einen unendlichen Fortschritt oder für eine Heilserwartung als bestimmend erweisen. Denn die Idee der Gerechtigkeit lässt sich, wie gezeigt, nicht vergegenwärtigen, präsentieren, darstellen oder auf den Begriff bringen: „Die Gerechtigkeit wartet nicht" (Derrida 2002 [1991], S. 423). Entscheidungen aber, die im Namen der Gerechtigkeit gefällt werden, weil sie gefällt werden müssen, sind „immer sofort, unmittelbar erforderlich, right away" (Derrida 2002 [1991], S. 423). Der Augenblick der Entscheidung ist also immer ein Augenblick der Dringlichkeit und damit notwendig der Überstürzung, er ist „immer eine Unterbrechung der juridisch-, ethisch- oder politisch-kognitiven Überlegung, die ihm vorausgehen *muss* und

vorausgehen *soll*" (Derrida 2002 [1991], S. 424). In welche Ohn-
machtsszenarien uns eine „Dringlichkeit, die den Horizont des
Wissens versperrt" führen kann, haben uns die Traumata der
1990er Jahre in Srebrenica, Ruanda und Somalia gewaltvoll vor
Augen geführt. Gleichzeitig kann nicht gewusst werden, was durch
präventive Maßnahmen der zivilen Konfliktbearbeitung eventuell
bereits verhindert wurde. Dadurch, dass der Gerechtigkeit die
Überstürzung also strukturell eigen ist, kennt sie keinen regula-
tiven oder messianischen Erwartungshorizont. Damit steht ihr
aber für Derrida vielleicht eine „Zu-kunft (to come)" offen: „Die
Gerechtigkeit bleibt im Kommen" (Derrida 2002 [1991], S. 425),
was bedeutet, dass sie das noch zu Kommende ist, etwas, das sich
der Verwirklichung im Hier und Jetzt stets entzieht, dass also eher
die Dimension noch ausstehender Ereignisse bezeichnet.

> „In dem Maße, wie sie nicht einfach ein juridischer oder politischer
> Begriff ist, schafft darum *vielleicht* die Gerechtigkeit zu-künftig
> Offenheit für eine Verwandlung, eine Umgestaltung oder Neu-Be-
> gründung des Rechts und der Politik" (Derrida 2002 [1991], S. 425).

So vermag sie es unter Umständen, den Möglichkeitenraum des
Politischen und des Sozialen zu erweitern, neue Denkräume auf-
zustoßen und die unter dem Verdikt der Vernunft und Staatsrä-
son gegenwärtig ins Reich des Unwirklichen verbannte Idee der
Utopie an die politische Praxis rückzukoppeln. Wie gesagt, unter
Umständen, also vielleicht:

> „Wenn es um die Gerechtigkeit geht, muss man immer vielleicht
> sagen. Die Gerechtigkeit ist der Zukunft geweiht, es gibt Gerech-
> tigkeit nur dann, wenn sich etwas ereignen kann, was als Ereignis
> die Berechnungen, die Regeln, die Programme, die Vorwegnahmen
> usw. übersteigt. Als Erfahrung der absoluten Andersheit ist die
> Gerechtigkeit undarstellbar, doch darin liegen die Chance des
> Ereignisses und die Bedingung der Geschichte. Die Bedingung

einer zweifellos unkenntlichen Geschichte, unkenntlich für jene,
die zu wissen meinen, wovon sie genau sprechen, wenn sie das Wort
Gerechtigkeit in den Mund nehmen – mag es um die Sozialgeschich-
te, um eine Geschichte der Ideologie, um ideologische, politische
oder juridische Geschichte gehen" (Derrida 2002 [1991], S. 425f.).

Als praktische Konsequenz zieht Derrida daraus den Schluss oder
vielmehr den Appell, sich nicht auf der Tatsache auszuruhen, dass
der Begriff der Gerechtigkeit stets überdeterminiert ist und bleiben
muss. „Das Übermäßige der Gerechtigkeit" darf nicht als Alibi
dienen, sich „von den juridisch-politischen Kämpfen fernzuhalten",
da man die Idee der Gerechtigkeit dann jenen ausliefert, die sie
sich unter dem „perverseste(n) Kalkül [...] stets wieder aneignen"
(Derrida 2002 [1991], S. 426). Mit Blick auf die zivile Konfliktbearbeitung lässt sich festhalten, dass es mit Derrida gilt, sich bei
allen theoretischen Überlegungen und praktischen Interventionen
trotz oder besser gerade wegen der von ihm aufgezeigten Aporien

> „so eng wie möglich an jenes [zu] halten, was man mit der Gerechtig-
> keit in Verbindung bringt: das Recht, die juridische Sphäre [...], all
> jene Bereiche schließlich, von denen man das Recht nicht abtrennen
> kann, die in es hineinreichen [...]: das Ethische, das Politische, das
> Ökonomische, das Psycho-Soziologische, das Philosophische, das
> Literarische usf. Man muss nicht nur kalkulieren [...] und zwar
> ohne Regel [...], die man nicht dort, wo wir ‚geworfen sind‘, wo
> wir uns aufhalten, wieder erfinden müsste – man muss dies auch
> in der größtmöglichen Entferntheit tun, jenseits des Ortes, an dem
> wir uns aufhalten, jenseits der bereits identifizierbaren Gebiete der
> Moral, der Politik, des Rechts, jenseits der Unterscheidung zwischen
> dem Nationalen und dem Internationalen, dem Öffentlichen und
> dem Privaten" (Derrida 2002 [1991], S. 426).

Es versteht sich vor diesem Hintergrund, dass *Entferntheit* dann
nicht den liberalistischen und universalistischen Standpunkt einer
abstrakten und absoluten Distanznahme zu den realpolitischen und

sozialen Geschehnissen und Konflikten bestehender Gesellschaften meinen kann und darf. Vielmehr muss darunter verstanden werden, was Judith Butler (2003, S. 34) als eine „Erfahrung geteilter Selbstentfremdung" bezeichnet hat. In dieser sieht Butler die Möglichkeit, dass wir anderen sowohl verantwortungsbewusst als auch anerkennend begegnen. Dies würde zu vermeiden helfen, dass wir anderen antun, was sie als „ethische Gewalt" bezeichnet:

> „Die Einsicht, dass man nicht jederzeit ganz der ist, der man zu sein glaubt, könnte umgekehrt zu einer gewissen Geduld gegenüber anderen führen, so dass wir zunächst einmal von der Forderung ablassen, dass der Andere jederzeit selbstidentisch zu sein hat. Die Aussetzung der Forderung nach Selbstidentität oder genauer nach vollständiger Kohärenz, so scheint mir, stellt sich einer gewissen ethischen Gewalt entgegen, die verlangt, dass wir jederzeit unsere Selbstidentität vorführen und aufrechterhalten und von anderen dasselbe verlangen" (Butler 2003, S. 34).

3.2 Gerechtigkeit als rekonstruktiver Prozess intersubjektiver Kommunikationszusammenhänge bei Axel Honneth

Axel Honneths gesellschaftstheoretische Überlegungen, wie er sie in „Das Recht der Freiheit" (2011) vorgelegt hat, befassen sich mit der Frage nach den möglichen Institutionen, die intersubjektive Beziehungsverhältnisse als gelungene Anerkennungsverhältnisse ermöglichen, auf Dauer stellen und stabilisieren können (vgl. Honneth 2011, S. 86). Honneth folgt dabei einem eher weiten Verständnis von Institutionen, das sowohl konkrete Institutionen wie etwa das Recht als auch die Dimension zwischenmenschlicher Beziehungen, etwa der Freundschaft, umfasst. Wenn Honneth dabei die Frage nach geeigneten Institutionen für gelingende Anerkennung und gerechte gesellschaftliche Verhältnisse stellt, dann entwirft er – anders als der von ihm pars pro toto für das liberale Denken kritisierte John Rawls – keine idealen Verfahren oder Prozesse am Reißbrett. Vielmehr extrahiert er die von ihm untersuchten Institutionen aus bereits etablierten sozialen Praktiken, die mit einer gewissen Menge an *Legitimation, Erwartungen* und *Verbindlichkeiten* aufgeladen sind. Honneth möchte in seinem Ansatz die in seiner Perspektive zu starke Trennung normativer und realistischer Theoriebildung und daraus abgeleiteter Handlungsanweisungen überwinden. Eine Kritik, die sich mit der Herleitung universalistischer normativer Maßstäbe begnügt, verliert für Honneth nämlich die Verbindung zu den gelebten Alltagserfahrungen der Menschen, über die sie nachdenkt und für die sie zu sprechen beansprucht. Er möchte dagegen mittels seiner Methode der „normativen Rekonstruktion" die bereits in der jeweiligen Praxis vorhandenen Normen freilegen, um diese dann wiederum kritisch an die gesellschaftliche Wirklichkeit anzulegen. Dies scheint umso plausibler für die zivile Konfliktbearbeitung zu sein, stünde sie doch immer in „der Gefahr eines mehr oder weniger technokratischen und funktionalen social engineering", so dass es Priorität haben müsse, „sich immer wieder (selbst-)kritisch auf basale Begriffe und Konzepte der Friedens- und Konfliktforschung zu beziehen und ihre Untersuchungen in deren Licht zu überprüfen und auszurichten" (Debiel et al. 2011, S. 330).

Mit Axel Honneth muss man zur Bewertung der zivilen Konfliktbearbeitung dann zuallererst ein prozeduralistisches Verständnis von Gerechtigkeit zurückweisen, wie es den liberalen Theorien etwa von John Rawls zugrunde liegt. Diese beanspruchten, so Honneth, kontextunabhängige Verfahren festzulegen, die Gerechtigkeit „produzieren" oder über die Zuteilung spezifischer „Güter" eindeutig sicherstellen können. Analog zur oben rekonstruierten Spannung der zivilen Konfliktbearbeitung zwischen der Formulierung universaler Werte und Normen und den Ansprüchen

einer nicht-idealen Praxis kritisiert Honneth Rawls idealtypische
Theoriebildung vor allem für deren praktische Nichtumsetzbar-
keit. Eine solche Theoriebildung könne zudem aus zwei Gründen
als *social engineering* verstanden und kritisiert werden: einmal,
weil die Art und Weise, wie zu diesen Verfahren gefunden wird,
nach dem Prinzip von Bauplänen funktioniert, die am Reißbrett
entworfen werden, und zum anderen, weil die Herstellung von
Gerechtigkeit nur als Verteilungsgerechtigkeit gedacht werden
kann. Die normativen Prinzipien der liberalen Theorien sind
laut Honneth zudem auf einer Ebene definiert, die es unmöglich
macht, aus ihnen politische Handlungsanweisungen abzuleiten.
Rawls definierte bekanntlich einen hypothetischen Urzustand,
in dem sich die Menschen vor der Einrichtung ihrer Gesellschaft
hinter einem „Schleier des Nichtwissens" befinden und keine
Vorstellung von ihrer Position in der Gesellschaft haben. Über
dieses hypothetische Gedankenexperiment gelangte er zu seinen
zwei Prinzipien der Gerechtigkeit, für die er universelle praktische
Gültigkeit beansprucht (vgl. Rawls 1979, S. 336f.). Da aus einem
solchen idealtypischen Zustand der Gerechtigkeit für Honneth
keine praktischen Handlungsanleitungen folgen können, herrscht
für ihn gegenwärtig eine Kluft zwischen der philosophischen
Gerechtigkeitstheorie in ihrer dominanten liberalen Spielart und
der politischen Praxis. Vor dieser Problemstellung steht die zivile
Konfliktbearbeitung nun ebenfalls, wenn sie sich an den Ideen des
gerechten Friedens messen lassen soll. Welche politische Praxis
kann man aus der Vorstellung eines irdischen gerechten Friedens
dann ableiten?

Neben Honneths Kritik am Prozeduralismus und der Verteilungsgerechtigkeit benennt er die Staatsfixierung als eine der
Grundprobleme von Gerechtigkeit (vgl. Honneth 2010, S. 52). Denn
die daraus abgeleitete Vorstellung von Gerechtigkeit folgt in aller
Konsequenz dem Verteilungsschema von Gütern, das jedem und

jeder in gleichem Maße die Verfolgung individueller Präferenzen erlauben soll (vgl. Honneth 2010, S. 55). Zu einer solchen zugleich effizienten als auch gerechten Verteilung ist dann nur der demokratische Rechtsstaat in der Lage (vgl. Honneth 2010, S. 57), mit der Konsequenz,

> „dass alles, was außerhalb der rechtlichen Gestaltungsmacht des Staates liegt, von Forderungen der Gerechtigkeit unberührt bleiben muss: Soziale Sphären, wie die Familie oder private Unternehmen dürfen für Aufgaben der Umsetzung von Gerechtigkeit dann weder herangezogen, noch verantwortlich gemacht werden" (Honneth 2010, S. 58).

Für Honneth aber können nun Vorstellungen von erstrebenswerten Zuständen, Zielen und Fähigkeiten nicht wie Dinge besessen, sondern müssen in und durch Beziehungen zwischen Personen erst mühsam erworben werden (vgl. Honneth 2010, S. 60). Damit geht er in Einklang mit der Position des gerechten Friedens und der zivilen Konfliktbearbeitung, die Friede zuallererst als eine interne Angelegenheit (*ownership*) versteht, die von außen im besten Falle unterstützt und befördert werden kann (vgl. EKD 2007, Ziff. 178).

Demgegenüber schlägt Honneth ein Gerechtigkeitsverständnis vor, das auf gelungene intersubjektive Anerkennungsbeziehungen abhebt und dadurch das genannte Spannungsverhältnis nicht aufzulösen, wohl aber in seiner Konflikthaftigkeit anzuerkennen vermag. Autonomie muss dann mit Honneth als

> „eine bestimmte Art der individuellen Selbstbeziehung verstanden werden, die es erlaubt, seinen eigenen Bedürfnissen zu vertrauen, zu den eigenen Überzeugungen zu stehen und die eigenen Fähigkeiten als wertvoll zu empfinden" (Honneth 2010, S. 60).

Die Herstellung von individueller Autonomie gelingt nur über intersubjektive Anerkennung unseres Selbst durch andere. Autonomie hängt von der Anerkennung unserer Bedürfnisse, Überzeugungen und Fähigkeiten ab, die es zu verwirklichen gilt (vgl. Honneth 2010, S. 61). Autonomie ist also immer „eine *relationale*, eine intersubjektive Größe, nicht eine monologische Errungenschaft", bestehend aus „lebendigen Beziehungen der wechselseitigen Anerkennung" (Honneth 2010, S. 62, Hervorh. d. Verf.). Soziale Verhältnisse sind dann in dem Maße gerecht, „wie wir durch sie und in ihnen reziprok unsere Bedürfnisse, Überzeugungen und Fähigkeiten wertzuschätzen lernen" (Honneth 2010, S. 62). Über Anerkennungsbeziehungen kann man nun nicht verfügen wie über Dinge oder Güter, die man auf-, zu- und verteilen kann. Sie stellen vielmehr „geschichtlich gewachsene Mächte dar, die stets schon hinter unserem Rücken auf uns einwirken" (Honneth 2010, S. 63). Dem folgt, dass die Generierung von Gerechtigkeitsprinzipien nicht als fiktives Verfahren stattfinden kann, sondern immer schon durch das existierende historische Material determiniert ist. Man muss also die Gerechtigkeitsprinzipien in den „jeweiligen Kommunikationsverhältnissen als deren eigene Geltungsbedingungen entdecken" (Honneth 2010, S. 72). Dieses Verfahren bezeichnet Honneth (2010, S. 72) als „rekonstruktiv". Und vor diesem Hintergrund liefern uns Honneths Überlegungen die Methodologie einer Wirkungsanalyse ziviler Konfliktbearbeitung, die einerseits den Ideen eines gerechten Friedens im Sinne der EKD gerecht wird und andererseits den prozeduralistischen Fallen Rechnung tragen und diese umgehen kann.

4 Überlegungen zu den Möglichkeiten einer praktischen Umsetzung

Zivile Konfliktbearbeitung zu theoretisieren, um sie konzeptionell besser verorten zu können, darf kein Selbstzweck sein, sondern muss einen Beitrag dazu leisten, dass der praktische und politische Umgang mit Maßnahmen der zivilen Konfliktbearbeitung beobachtet und diskutiert werden kann. Betrachtet man aber die aktuelle Forschungslandschaft zur theoretischen Auseinandersetzung mit der zivilen Konfliktbearbeitung und ihren praktischen Konsequenzen, so erkennt man schnell, dass das Thema keinen Vorrang hat oder im Trend liegt (vgl. Müller 2013; Weller 2007). Dass im Dezember 2017 in der Zeitschrift Peripherie ein Schwerpunkt-Heft zur zivilen Konfliktbearbeitung erschienen ist, welches sich sowohl mit der theoretischen Konzeptionierung als auch mit neueren Entwicklungen und Praxen ziviler Konfliktarbeit beschäftigt, kann als eine der wenigen Ausnahmen gelten. In der Forschungspraxis ist hier das Projekt „Reflexive Ansätze gesellschaftspolitischer Konfliktbearbeitung" am Lehrstuhl Politikwissenschaft, Friedens- und Konfliktforschung der Universität Augsburg hervorzuheben. Ausgangspunkt des Projekts ist die Beobachtung, dass es für eine zunehmende Anzahl von Konflikten weltweit entweder keine Institutionen der Konfliktbearbeitung gibt oder diese aber überfordert sind (vgl. Pauls et al. 2019). Die Ziele des Projekts liegen daher in der Untersuchung verschiedener Konfliktbearbeitungsinstitutionen, in der Entwicklung von im Wissenschafts-Praxis-Dialog entwickelten reflexiven Ansätzen der Konfliktbearbeitung und in der Evaluierung neuer Formen konstruktiver Methoden der Konfliktbearbeitung durch wechselseitige Prozesse zwischen Praxis und Theoriebildung. Somit fokussiert das Projekt auf die Ermöglichung institutionellen Wandels, der

> „zugleich die Bildung und den Wandel kollektiver Identitäten sowie die Auswirkungen differierender Wirklichkeitswahrnehmungen und die emotionalen Bedürfnisse nach sozialer Zugehörigkeit und Gemeinschaftserleben bei der Bearbeitung von Konflikten" (Pauls et al. 2019)

berücksichtigt. Wenn man auf institutionellen Wandel im Rahmen der zivilen Konfliktbearbeitung fokussiert, könnte mit dem hier rekonstruierten Gerechtigkeitsverständnis nach Derrida und Honneth ein Institutionenverständnis angelegt werden, das sowohl auf das Aushalten von Aporien als auch auf die Ermöglichung von gelingenden intersubjektiven Anerkennungsverhältnissen abzielt.

Darüber hinaus lassen sich die theoretischen Überlegungen in der Praxis nachzeichnen, wenn man auch andere Forschungsfelder mit Strukturähnlichkeiten, wie zum Beispiel die medizinische Forschung oder auch die Gewaltforschung, bedenkt, sofern nicht die Indikatoren einer guten (im Sinne einer erfolgreichen) zivilen Konfliktbearbeitung, sondern vielmehr die Indikatoren ihrer Bewertung auf der Grundlage einer ethischen Auseinandersetzung bestimmt werden. Hier heißt es für mich, die eigenen Forderungen an die Konfliktbearbeitung ernst zu nehmen und auch für sich selbst anzuwenden: Die Etablierung einer Konfliktbearbeitungsinstanz bei Konflikten um die Bewertung ziviler Konfliktbearbeitung. Ethikkommissionen und Ethikerklärungen sind hierfür geeignete Beispiele. In der Medizinforschung sind Ethikkommissionen bereits seit den 1970er Jahren wirksam und etablierten ihre ethischen Grundprinzipien Autonomie, Schadensvermeidung, Fürsorge und Gerechtigkeit als Standards.

Der *Do No Harm*-Ansatz von Mary Anderson (1996, 1999) kann hier, auch wenn er historisch anders gewachsen ist, in diesen Prinzipien aufgehen. Gleichwohl würde ich diese Prinzipien umfassender mit Derrida und Honneth lesen wollen. Das Prinzip des Respekts vor der Autonomie geht in der zivilen Konfliktbearbeitung mit dem

Prinzip von *ownership* zusammen und legt damit grundlegende Anforderungen an die zivile Konfliktbearbeitung von außen an. Der Schwerpunkt liegt hier auf der Entscheidungsfreiheit und dem Recht auf deren Ermöglichung. Diese sollte nun nicht individualistisch gesehen, sondern eben mit Honneth intersubjektiv gedacht werden. Für die zivile Konfliktbearbeitung bedeutet das dann, die Frage nach gelingenden Anerkennungsverhältnissen in allen gesellschaftlichen Sphären zur Grundlage für mögliche Wirkungsanalysen zu machen. Diese drei Sphären sind für die europäischen und nordamerikanischen Gesellschaften Staat, Gesellschaft und Familie, die eben nicht wie in der liberalen Gerechtigkeit nach der gleichen Verteilungslogik funktionieren. Vielmehr besitzen alle drei Sphären ihre eigenen Gerechtigkeitsprinzipien. Das bedeutet, es gibt nicht das eine Prinzip der Gerechtigkeit. Gerechtigkeitsprinzipien rekonstruieren sich dann aus den Kommunikationsverhältnissen der jeweiligen Gesellschaft. Hier gilt es, (konflikt-)kontextsensibel immer wieder Rekonstruktionsarbeit zu leisten und zu verstehen, dass es stets nur eine Gerechtigkeit „im Kommen" geben kann. Bewerten lassen sich die Verhältnisse dann zwar nicht nach der Gerechtigkeit, aber danach, inwieweit die Verhältnisse es zulassen, dass das Individuum frei von Angst und Scham öffentlich für seine Bedürfnisse, Fähigkeiten und Überzeugungen einstehen kann (vgl. Honneth 2010, S. 76f.). Dies ist dann sehr wohl etwas, das sich ins Verhältnis setzen ließe.

Die Prinzipien der Schadensvermeidung und der Fürsorge zeigen, inwiefern es auch Konflikte zwischen den ethischen Prinzipien einzubeziehen gilt, wie es zum Beispiel im Falle der *Responsibility to Protect* seit langem diskutiert wird (Gulowski 2017). Gerade diese Konflikthaftigkeit zwischen Schadensvermeidung und Fürsorge wird in der zivilen Konfliktbearbeitung nicht ausreichend intensiv oder standardisiert bearbeitet, auch wenn die Etablierung des *Do No Harm*-Ansatzes wichtige Debatten ermöglicht hat.

Zudem benötigen wir aber auch Kriterien zur Bewertung und Kriterien für den möglichen Umgang mit konfligierenden ethischen Prinzipien (vgl. Gulowski 2017). Nehmen wir aber Konflikttheorien ernst, die Konflikte als integrativ und transformativ verstehen wollen, können diese Kriterien zwar nicht selber institutionalisiert und standardisiert werden, aber sie sollten in institutionalisierter Form stattfinden dürfen.

Wie ethische Bewertungen erfolgen können, zeigt sich exemplarisch an der deutschen Gewaltforschung. Eine der wichtigsten Institutionalisierungen von Verfahren zur Forschung über Gewalt – konkret zur sexualisierten Gewalt – ist für mich hier die Bonner Ethikerklärung des Bundesministeriums für Bildung und Forschung, die das reflektierte Nachdenken über Konsequenzen für Politik und Betroffene innerhalb von Ethikkommissionen standardisiert hat. Es sollen so erste Antworten auf die „Fragen zur ethischen Verantwortbarkeit und zu den rechtlichen Bedingungen ihres Handelns" (Poelchau et al. 2016) gegeben werden, die als Grundlage einer weiteren Diskussion dienen. Der Bonner Ethikerklärung liegen interdisziplinäres Denken und das Prinzip der Partizipation zugrunde. Fragen zur Umsetzbarkeit sollen dialogisch mit den Betroffenen erarbeitet und in die Überlegungen integriert werden. Dabei gelten die vier genannten ethischen Prinzipien Autonomie, Gerechtigkeit, Schadensvermeidung und Fürsorge. Hier sehe ich den Ort, konfligierende Prinzipien unter Rückbezug auf vorhandene Forschung in strukturähnlichen Fragen kontextsensibel und integrativ durch dialogische Arbeit herauszuarbeiten.

Daraus ergeben sich schließlich Verfahren der Wirkungsanalysen ziviler Konfliktbearbeitung, die sich aus den vorgenommenen Überlegungen ableiten lassen. Diese Verfahren heißen:

- *Partizipation,* wonach Betroffene immer in den Prozess einbe-
  zogen werden müssen,
- *Rekonstruktion,* das meint, dass in den Kommunikationsverhältnissen der Betroffenen mit „ihren" Themen die Prinzipien
  für deren Umgang zu generieren sind, und
- *Reflexion,* sprich das dialogische Nachdenken über die Wirksamkeit und Angemessenheit der Kriterien mit Blick auf die
  Anwendbarkeit und den Nutzen in der Praxis.

Diese Verfahren – Partizipation, Rekonstruktion und Reflexion
– können nach dem Grad Ihrer Umsetzung mit Blick auf ihre
Anwendungsorientierung, Nützlichkeit und Responsivität evaluiert
werden.

Literatur

Anderson, Mary B. 1996. *Do No Harm: Supporting Local Capacities for
    Peace through Aid.* Cambridge, MA: Collaborative for Development
    Action, Inc.
Anderson, Mary B. 1999. *Do No Harm: How Aid Can Support Peace – or
    War.* Boulder: Lynne Rienner Publishers.
Butler, Judith. 2003. *Kritik der ethischen Gewalt.* Frankfurt a. M.: Suhr-
    kamp.
Debil, Tobias, Holger Niemann und Lutz Schrader. 2011. Zivile Kon-
    fliktbearbeitung. In *Friedens- und Konfliktforschung,* hrsg. von Peter
    Schlotter und Simone Wisotzki, 312–342. Baden-Baden: Nomos.
Dietrich, Wolfgang. 2008. *Variationen über die vielen Frieden. Band 1:
    Deutungen.* Wiesbaden: VS Verlag für Sozialwissenschaften.
Derrida, Jacques. 2002 [1991]. Gesetzeskraft. Der mythische Grund der
    Autorität. In *Philosophie der Gerechtigkeit. Texte von der Antike bis
    zur Gegenwart,* hrsg. von Christoph Horn und Nico Scarano, 417–427.
    Frankfurt a. M.: Suhrkamp.

Galtung, Johan. 1969. Violence, Peace and Peace Research. *Journal of Peace Research* 6 (3): 167–191.

Gulowski, Rebecca. 2017. Negotiating Narratives. R2P and the Conundrum of the Monopoly of Legitimized Use of Force. In *International Security and Peacebuilding. Africa, The Middle East and Europe*, hrsg. von Abu Bakarr Bah, 26–48. Bloomington: Indiana University Press.

Gulowski Rebecca und Christoph Weller. 2017. Zivile Konfliktbearbeitung. Kritik, Konzept und theoretische Fundierung. *Peripherie* 37 (148): 386–411.

Honneth, Axel. 2010. Das Gewebe der Gerechtigkeit. Über die Grenzen des zeitgenössischen Prozeduralismus. In *Das Ich im Wir. Studien zur Anerkennungstheorie*, hrsg. von Axl Honneth, 51–77. Berlin: Suhrkamp.

Honneth, Axel. 2011. *Das Recht der Freiheit. Grundriss einer demokratischen Sittlichkeit*. Berlin: Suhrkamp.

Mickan, Thomas, Alke Jenss, Adrian Paukstat und Mechthild Exo. 2017. Epistemisches Unbehagen. Die partizipative Entwicklung des Krisenengagements der Bundesrepublik und ihre Kritik. *Peripherie* 37 (148): 484–504.

Müller, Bernhard. 2013. Vorwort. In *Zivile Konfliktbearbeitung. Vom Anspruch zur Wirklichkeit*, hrsg. von Andreas Heinemann-Grüder und Isabella Bauer, 9–13. Opladen: Barbara Budrich.

Pauls, Christina, Nora Schröder, Christoph Weller und Michaela Zöhrer. 2019. Forschungsbereich A. Konflikt-, Friedens- und Gewaltforschung. Reflexive Ansätze gesellschaftspolitischer Konfliktbearbeitung. https://www.philso.uni-augsburg.de/de/lehrstuehle/politik/politik1/forschung/Forschungsbereich_A/Reflexive-Ansaetze-gesellschafts-politischer-Konfliktbearbeitung1.html. Zugegriffen: 2. August 2019.

Poelchau, Heinz-Werner, Peer Briken, Martin Wazlawik, Ullrich Bauer, Jörg M. Fegert und Barbara Kavemann. 2016. Bonner Ethik-Erklärung. https://www.bmbf.de/files/Ethikerklaerung(1).pdf. Zugegriffen: 2. August 2019.

Evangelische Kirche in Deutschland (EKD). 2007. *Aus Gottes Frieden leben – für gerechten Frieden sorgen. Eine Denkschrift des Rates der Evangelischen Kirche in Deutschland*. Gütersloh: Gütersloher Verlagshaus.

Rawls, John. 1979. *Eine Theorie der Gerechtigkeit*. Frankfurt a. M.: Suhrkamp.

Senghaas, Dieter. 1969. *Abschreckung und Frieden. Studien zur Kritik organisierter Friedlosigkeit*. Frankfurt a. M.: Europäische Verlagsanstalt.

Senghaas, Dieter. 2004. *Zum irdischen Frieden. Erkenntnisse und Vermutungen*. Frankfurt a. M.: Suhrkamp.

Weller, Christoph. 2007. Zivile Konfliktbearbeitung: Begriffe und Konzeptentwicklung. In *Zivile Konfliktbearbeitung: Aktuelle Forschungsergebnisse*, hrsg. von Christoph Weller, 9–18. Duisburg: INEF.

Weller, Christoph und Stefan Böschen. 2018. Friedensforschung und Gewalt. Zwischen entgrenzter Gewaltanalyse und epistemischer Gewaltblindheit. *Zeithistorische Forschungen/ Studies in Contemporary History* 15 (2): 358–368.

Zivile Konfliktbearbeitung im Kontext vernetzter Sicherheit

Winfried Nachtwei

1 Vorbemerkung

Zur zivilen Konfliktbearbeitung kann ich nicht als Wissenschaftler, sondern als friedens- und sicherheitspolitisch seit rund fünfzig Jahren Engagierter Stellung nehmen. Meine für das heutige Thema zentralen Erfahrungskontexte sind:

- der Protest gegen den Vietnamkrieg und die Solidarität mit antikolonialen Befreiungsbewegungen, vor allem in Namibia in den 1970er Jahren,
- intensive nachträgliche Kriegsbegegnungen in meiner Tätigkeit als Geschichtslehrer, bei der die Behandlung des Menschenschlachthauses Erster Weltkrieg („Im Westen nichts Neues", „Heeresbericht") immer eine besonders prägende Unterrichtsphase war,
- die Friedensbewegung der 1980er Jahre, die Auseinandersetzung mit dem atomaren Wettrüsten, die Suche nach Alternativen der Sicherheitspolitik (der Bundeskongress Soziale Verteidigung 1988 in Minden als ein zentraler Startpunkt), die Mitwirkung

© Springer Fachmedien Wiesbaden GmbH, ein Teil von Springer Nature 2020
I.-J. Werkner und H.-G. Stobbe (Hrsg.), *Friedensethische Prüfsteine ziviler Konfliktbearbeitung*, Gerechter Frieden,
https://doi.org/10.1007/978-3-658-28641-5_7

beim Aufbau einer Infrastruktur zur zivilen Konfliktbearbeitung auf Bundesebene sowie die Mitarbeit im Beirat „Zivile Krisenprävention" der Bundesregierung seit 2005,

- meine Spurensuche und Erinnerungsarbeit seit 1988 zum Vernichtungskrieg im Osten (Weißrussland, Baltikum, Polen), zu den Deportationen in das Rigaer Ghetto, zu Polizeibataillonen und Wehrmachtsverbänden, zur Solidarität mit Ghetto- und KZ-Überlebenden, zur Unterstützung des Deutschen Riga-Komitees in Kooperation mit dem Volksbund Deutsche Kriegsgräberfürsorge wie zur Erinnerungsarbeit zum doppelten „Nie wieder!" sowie

- als Mitglied des Verteidigungsausschusses des Deutschen Bundestages und des Unterausschusses Abrüstung (1994–2009). Hier war ich beteiligt an den Entscheidungsprozessen zu allen deutschen Kriseneinsätzen in diesem Zeitraum, ihrer Kontrolle und Wirkungsbeobachtung (70 Mandatsentscheidungen, ca. 40 Besuche in Konfliktgebieten) – immer mit ressortübergreifender Perspektive, also unter Einbeziehung der diplomatischen, polizeilichen und entwicklungspolitischen Komponenten und Friedensfachkräfte. Bei Bundeswehrsoldaten erlebte ich meist eine bemerkenswert unmilitaristische Grundhaltung. Die ressortübergreifende Perspektive verfolge ich bis heute weiter in den Beiräten Zivile Krisenprävention, Innere Führung beim Bundesministerium der Verteidigung (Leiter der AG „Einsatzrückkehrer und -folgen"), im Vorstand der Deutschen Gesellschaft für die Vereinten Nationen (DGVN) und bei der Begleitung internationaler Polizeimissionen.

2 Entwicklungsphasen der zivilen Konfliktbearbeitung in Deutschland

Wesentliche Initiativen und Vorschläge zur zivilen Konfliktbearbeitung kamen in den 1990er Jahren aus der Friedensforschung und Teilen der Friedensbewegung. Ein zentraler Ort des Diskurses zur zivilen Konfliktbearbeitung war die Evangelische Akademie Loccum mit den Studienleitern Jörg Calließ und Marcus Schaper, oft in Kooperation mit der Plattform Zivile Konfliktbearbeitung.[1]

Der Fokus des neuen, über traditionelle Diplomatie und Entwicklungszusammenarbeit hinausgehenden Politikfeldes lag auf innerstaatlichen Konflikten, der Schwerpunkt bei der operativen, kurz- und mittelfristigen Krisen- und Gewaltprävention (zu unterscheiden von der strukturellen, langfristigen Krisenprävention, die mit Klima- und Umweltpolitik, internationaler Handels- und Wirtschaftspolitik, Steuer- und Sozialpolitik etc. kaum noch einzugrenzen ist).

Angesichts der Kriege und Konflikte auf dem Balkan wurde offenkundig, wie dringlich neue Ansätze und Instrumente einer friedlichen Konfliktbearbeitung über traditionelle Diplomatie und Entwicklungszusammenarbeit hinaus waren: Nach dem Friedensabkommen von Dayton 1995 und angesichts der Verhärtungen in der politischen Führung der Konfliktparteien wurde gesellschaftliche Entfeindung von unten hochaktuell. Bei der *Kosovo Verification Mission* der OSZE ab Herbst 1998 zeigten sich die erheblichen Wirkungsmöglichkeiten, aber auch die Rekrutierungsprobleme und Ausbildungsdefizite dieser bisher bei weitem größten

---

1 Zum Beispiel die Tagung „Evaluation der zivilen Konfliktbearbeitung: Tun wir das, was wir tun, richtig? Tun wir das Richtige?" im April 2005. http://www.loccum.de/programm/archiv/p0514.html. Zugegriffen: 15. September 2019.

OSZE-Beobachtermission (laut Mandat bis zu 2.000 Personen).
Nachdem ein erster Anlauf von Abgeordneten der SPD, Grünen,
CDU und FDP für einen zivilen Friedensdienst am Widerspruch des
CSU-Entwicklungsministers Carl-Dieter Spranger abgeprallt war,
eröffneten sich neue Fenster der Gelegenheiten mit den rot-grünen
Koalitionen in Nordrhein-Westfalen (1995) und auf Bundesebene
(1998). Gefördert von der NRW-Landesregierung startete 1997 ein
erster Ausbildungsgang für zivile Konfliktbearbeitung. Gemäß der
Koalitionsvereinbarung von SPD und Grünen auf Bundesebene
wuchs in den Folgejahren eine Infrastruktur Zivile Konfliktbearbeitung.[2] Ihre Säulen wurden der Zivile Friedensdienst (ZFD) für
gesellschaftliche Verständigung von unten, das Zentrum Internationale Friedenseinsätze (ZIF) zur Ausbildung und Bereitstellung
von Zivilexperten für internationale (staatliche) Friedensmissionen,
die Förderung von Krisensensibilität in der Entwicklungspoli-
tik, die Gründung der Deutschen Stiftung Friedensforschung,
die Arbeitsgemeinschaft Frieden und Entwicklung (FriEnt), das
Projekt ZIVIK und die verstärkte Beteiligung an internationalen
Polizeimissionen beziehungsweise -projekten.

   Engagierte Abgeordnete verankerten in der Koalitionsvereinbarung 2002 das Vorhaben eines „Aktionsplans Zivile Krisenprävention" mit der Intention, die Ansätze und Instrumente
der zivilen Konfliktbearbeitung umfassend und systematisch zu
stärken. Aufgeschlossene Beamte im Auswärtigen Amt und anderen
Ressorts nahmen den Ball auf und erarbeiteten in Konsultation
mit zivilgesellschaftlichen Akteuren einen Aktionsplan, der 2004
vom Bundeskabinett beschlossen wurde. Der Aktionsplan fand in
der deutschen und internationalen Fachöffentlichkeit eine hohe
Anerkennung. Dass er zugleich in der politischen Öffentlichkeit in

---

2   Zum Kontext der Auseinandersetzung um Gewaltfreiheit in Regie-
    rungsverantwortung vgl. Nachtwei (2006).

Deutschland praktisch keine Beachtung fand, war erheblich selbst verschuldet. Die erste Bundestagsdebatte zum Aktionsplan fand zweieinhalb Jahre nach seiner Verabschiedung statt – und dann noch in der letzten Sitzung vor der Weihnachtspause.

Während sich das Zentrum Internationale Friedenseinsätze, der Zivile Friedensdienst, die Deutsche Stiftung Friedensforschung und ZIVIK konsolidierten und bewährten, war die deutsche auswärtige Politik stark durch den sich verschärfenden Afghanistaneinsatz absorbiert (auch wenn Afghanistan zeitweilig ein Haupteinsatzgebiet von ZFD-Fachkräften war). Der Ausbau der zivilen Krisenprävention insgesamt geriet dabei zeitweilig ins Hintertreffen.

Die Empfehlung von Friedensforscherinnen und -forschern zur Einrichtung eines dem Auswärtigen Ausschuss zugeordneten Unterausschusses Zivile Krisenprävention im Bundestag konnte 2009 überraschenderweise realisiert werden – mit dem Zugeständnis an die CDU, ihn auch für die vernetzte Sicherheit zuständig zu machen. Die Einrichtung eines parlamentarischen Unterausschusses war ein wichtiger Schritt zur Etablierung des neuen Politikfeldes im politischen Prozess: Wo bisher nur eine Handvoll Abgeordnete von SPD und Grünen an dem Thema dran waren, wo seitens der Union und FDP Desinteresse vorherrschte und gelegentlich die zivile Konfliktbearbeitung als „weiße Salbe für verwundete rot-grüne Seelen" (wegen Kosovo und Afghanistan) lächerlich gemacht wurde, mussten sich jetzt Abgeordnete aller Fraktionen darum kümmern. Der FDP-Abgeordnete Joachim Spatz war der erste und überzeugt-engagierte Vorsitzende dieses Unterausschusses. Die Vertreterinnen und Vertreter der verschiedenen Ressorts hatten von nun an regelmäßig im Ausschuss Rede und Antwort zu stehen. Indem die Obleute so viele (teil-)öffentliche Sitzungen mit externen Experten anberaumten wie kein anderer Ausschuss, konnte sich auch eine den Unterausschuss konstruktiv

begleitende Fachöffentlichkeit bilden („Berliner Gesprächskreis")
(vgl. Nachtwei 2014a).

Einen neuen Schub bekam die zivile Krisenprävention ab 2014:
Erstmalig besuchte ein Bundespräsident das Zentrum Internationale Friedenseinsätze, erstmalig debattierte der Bundestag zu
bester Zeit über das Thema und sprach mit Frank-Walter Stein-
meier ein Außenminister mit erkennbar eigener Kompetenz dazu.
Über den Review-2014-Prozess des Auswärtigen Amtes und den
Aufbau der neuen Abteilung S (Krisenprävention, Stabilisierung,
Konfliktnachsorge und Humanitäre Hilfe) erhielt das Arbeitsfeld
erheblich mehr operative Fähigkeiten. Nachdem das sicherheitspolitische Weißbuch der Bundesregierung (2016) den Stellenwert der
Krisenprävention betont hatte, lösten ein Jahr später die Leitlinien
„Krisen verhindern, Konflikte bewältigen, Frieden fördern" der
Bundesregierung den Aktionsplan von 2004 ab (vgl. Bundesregierung 2017). Erarbeitet im Kontext eines bisher einmaligen Konsultationsprozesses mit Akteuren der Fachöffentlichkeit (PeaceLab-Blog,
betreut vom *German Public Policy Institute*, GPPI) verschafften
die Leitlinien eine deutlich klarere Orientierung – mit einem re-
alitätsnahen Lagebild, mit einem friedenspolitischen Leitbild, mit
der offenen Benennung von Zielkonflikten und Dilemmata sowie
mit einem breiten Spektrum an friedenspolitischen Ansätzen und
Instrumenten (vgl. GPPI 2017; Nachtwei 2017).

Angesichts der Häufung von Krisen im Umfeld ist im politischen
Diskurs inzwischen der Begriff der (zivilen) Krisenprävention
in die erste Reihe gerückt – nach meinem Eindruck manchmal
verbunden mit der Erwartung, damit den Generalschlüssel zur
Krisenbewältigung gefunden zu haben und die heiklen Herausforderungen von harter Großgefahrenabwehr und Krisenintervention
vermeiden zu können.

3   Der Ansatz der vernetzten Sicherheit

Eine besondere Aufwertung erfuhr der Ansatz der vernetzten Sicherheit (vgl. auch Nachtwei 2012) mit dem sicherheitspolitischen Weißbuch 2006, wo ihr im ersten Kapitel zu den Grundlagen deutscher Sicherheitspolitik ein ganzer Abschnitt (1.4) gewidmet war:

> „Nicht in erster Linie militärische, sondern gesellschaftliche, ökonomische, ökologische und kulturelle Bedingungen [...] bestimmen die künftige sicherheitspolitische Entwicklung. Sicherheitspolitik kann daher weder rein national noch allein durch Streitkräfte gewährleistet werden. Erforderlich ist vielmehr ein umfassender Ansatz, der nur in vernetzen sicherheitspolitischen Strukturen sowie im Bewusstsein eines umfassenden gesamtstaatlichen und globalen Sicherheitsverständnisses zu entwickeln ist" (BMVg 2006, S. 22f.).

Ausdrücklich wurde hierbei die Brücke zum „Aktionsplan Zivile Krisenprävention" „als Beispiel ressortübergreifender und vernetzter Sicherheitsvorsorge" (BMVg 2006, S. 23) geschlagen. Wesentlich für den „Aufstieg" der vernetzten Sicherheit waren die Erfahrungen des Afghanistaneinsatzes, wo Sicherheit offenkundig mehrere Dimensionen umfasste und eine Vielzahl von staatlichen und nichtstaatlichen, internationalen und lokalen Akteuren beanspruchten, für die Stabilisierung, den Aufbau und die Entwicklung des Landes zu arbeiten. Die zivil-militärischen *Provincial Reconstruction Teams* (PRT) galten vor allem aus Sicht des Verteidigungsministeriums als Prototypen vernetzter Sicherheit.

Im Koalitionsvertrag von CDU, CSU und FDP 2009 und im 3. Umsetzungsbericht zum „Aktionsplan Zivile Krisenprävention" von 2010 wurde die zentrale Rolle der vernetzten Sicherheit bekräftigt. In der Zeit der Großen Koalition 2006–2009 war allerdings auffällig, dass die vernetzte Sicherheit fast ausschließlich von Verteidigungsminister Franz Josef Jung (CDU) betont und dabei

zu *dem* zentralen sicherheitspolitischen Ansatz hochstilisiert
wurde. Die sozialdemokratischen Minister des Auswärtigen und
der Entwicklung schwiegen hingegen weitgehend dazu.

Während der deutsche Verteidigungsminister beanspruchte,
die vernetze Sicherheit auch auf der Ebene der NATO verankert zu
haben, wurde sie in Deutschland in zweifacher Hinsicht kritisiert:
Zum einen bemängelten vor allem einsatzerfahrene Zivilexpertinnen und -experten wie Militärs die konzeptionelle Dürftigkeit
des Begriffs der vernetzten Sicherheit, der zu einem Mantra der
Regierungsrhetorik geworden war, die Vernetzung und Kooperation
in der Praxis aber regelmäßig weit hinter dem hohen Anspruch
zurückblieb, insbesondere auf der politischen Leitungsebene. Zum
anderen sahen humanitäre und Nichtregierungsorganisationen in
der vernetzten Sicherheit die Absicht, humanitäre Hilfe, Entwicklungszusammenarbeit und zivile Konfliktbearbeitung für die Ziele
militärgestützter Sicherheitspolitik (zum Beispiel zur kurzfristigen
Stabilisierung) zu vereinnahmen. Vor allem humanitäre Organisationen befürchteten, dadurch die essenzielle Unabhängigkeit
ihrer Arbeit zu gefährden.

Nachdem der Begriff der vernetzten Sicherheit offenbar eine
konstruktive Interaktion zwischen zivilen und militärischen Akteuren eher behindert als befördert hatte, verschwand er aus den
Grundlagendokumenten der Bundesregierung und wurde von
dem offeneren und bescheideneren Begriff des vernetzten Ansatzes
abgelöst. Schon in den Verteidigungspolitischen Richtlinien von
2011 war nur noch die Rede von „gesamtstaatlicher, umfassender
und abgestimmter Sicherheitspolitik" und „ressortgemeinsa-
mem Handeln" (BMVg 2011, S. 6). Der Unterausschuss „Zivile
Krisenprävention und vernetzte Sicherheit" hieß ab 2014 „Zivile
Krisenprävention, Konfliktbearbeitung und vernetztes Handeln".

Unter der Überschrift „Weiterentwicklung des vernetzten Ansatzes" konzentriert sich das Weißbuch 2016 auf die Vernetzung

zwischen den Ressorts und konkretisierte sie auf die Ebene der Lagezentren (BMVg 2016, S. 58f.). Die Leitlinien „Krisen verhindern, Konflikte bewältigen, Frieden fördern" von 2017 betonen für die Bundesregierung den ressortgemeinsamen Ansatz – von der Krisenfrüherkennung über die Kontextanalyse, Zielformulierung und Planung/Durchführung von Maßnahmen bis zur Auswertung und Weiterentwicklung des Instrumentariums (Bundesregierung 2017, S. 110ff.). Sie bekräftigen die wichtige Rolle und Wirkungschancen von Nichtregierungsorganisationen bei der Krisenprävention und Friedensförderung und bekennen sich zu den elementaren internationalen Prinzipien der humanitären Hilfe (Menschlichkeit, Neutralität, Unparteilichkeit, Unabhängigkeit). Ihrer Vereinnahmung durch einen falsch verstandenen vernetzten Ansatz wird damit eine Absage erteilt.

4   Der Grundgedanke des bestmöglichen Zusammenwirkens

In der zeitweilig verhärteten und auf der Stelle tretenden Auseinandersetzung um vernetzte Sicherheit trat oftmals in den Hintergrund, wie grundlegend die Handlungsmaxime eines bestmöglichen Zusammenwirkens bei gemeinsamen Zielen ist und dass sie weit vor 2006 zurückreicht. Auf dem Balkan der 1990er Jahre waren internationale staatliche und nichtstaatliche Akteure der Krisenbewältigung mit einer enormen Komplexität an Aufgabenfeldern und Vielfalt an Akteuren konfrontiert. Angesichts dieser multidimensionalen Herausforderungen war offenkundig: Keiner schafft es allein – keine Nation, kein Ressort, kein Akteur!

Bei Besuchen in den Einsatzgebieten fiel immer wieder auf, wie sehr gerade den Bundeswehroffizieren die begrenzte Wirksamkeit militärischen Handelns bewusst war. Ein „Glaube an militärische

Lösungen" für solche Art innerstaatlicher Konflikte war nie zu vernehmen. Den (Wieder-)Ausbruch kriegerischer Gewalt zu verhindern sowie ein sicheres Umfeld für eine politische Konfliktlösung und eine Basissicherheit für die Friedenskonsolidierung zu schaffen, das sah man als sinnvoll und möglich an. Man schätzte aber – so General Egon Ramms, 2007–2010 Oberbefehlshaber des *Allied Joint Force Command* der NATO –, dass das Militär nur etwa 20 Prozent zu einer erfolgreichen Stabilisierung und Krisenbewältigung betragen könne. Vor diesem Hintergrund war es kein Wunder, dass ich Offiziere in Einsätzen immer wieder als die deutlichsten Kritiker der Kapazitätsrückstände auf ziviler Seite erlebte – zum Beispiel die jahrelange, enorme personelle Unterausstattung der deutschen Diplomatie oder auch der Polizeiberater in Afghanistan.

In deutschen und internationalen Grundlagendokumenten zur internationalen Krisenbewältigung und Friedenssicherung hatte das Zusammenwirken vor allem der staatlichen Akteure und Ressorts immer einen zentralen Stellenwert: so im Gesamtkonzept „Zivile Krisenprävention, Konfliktlösung und Friedenskonsolidierung" (2000) und im „Aktionsplan Zivile Krisenprävention" der Bundesregierung (2004) wie auch im Brahimi-Report zu UN-Friedensmissionen (2000) oder auch in den Missionsmandaten des UN-Sicherheitsrates.

Ausgehend von einer gemeinsamen Tagung der Bundesakademie für Sicherheitspolitik und der Evangelischen Akademie Bad Boll im Juni 2011 bildete sich eine Arbeitsgruppe „Ziviles und militärisches Engagement in Konflikten". Diese verfügte mit einem einsatzerfahrenen General der Fallschirmjäger, einer langjährigen Vorsitzenden einer pazifistischen Organisation, einem langjährigen Beamten des Bundesinnenministeriums, einem in zivil-militärischer Zusammenarbeit erfahrenen Stabsoffizier und dem Autor über eine ungewöhnliche Spannweite an Erfahrungen und Positionen. Umso bemerkenswerter war, dass die Arbeitsgruppe im August 2012 nicht nur das Papier „Politisches Engagement in Konflikten – Optimierung der Interaktion zwischen zivilen und militärischen Akteuren" (Finckh-Krämer et al. 2013) vorlegte, sondern dass es bei zahlreichen Kundigen und Verantwortlichen in Ministerien, im Bundestag, in Durchführungsorganisationen und in der Wissenschaft auf beste Resonanz stieß.

Die Erfahrungen in den Einsätzen und im politischen Berlin zeigten allerdings immer wieder, dass die Grundforderung bestmöglicher Zusammenarbeit so notwendig wie wohlfeil ist. So braucht es, um produktiv und sinnvoll zu sein:

- Zielklarheit und kompatible Ziele auf der operativen Ebene, erweisen sich die allgemeinen Mandatsziele in der Regel als zu abstrakt;
- eine Interakteurs-Kompetenz, das heißt ein Verständnis unterschiedlicher Organisationsziele und -kulturen, sowie eine Klarheit in der Frage, wer was (weniger oder gar nicht) kann;
- möglichst ausgewogene Kapazitäten der verschiedenen Akteure;
- die Respektierung der Grundprinzipien humanitärer Hilfe sowie
- ein Bewusstsein von den Möglichkeiten, aber auch Grenzen verschiedener Formen der Interaktion (Kommunikation, Vernetzung, Kooperation, Koordination, Distanz).

5   Zivile Konfliktbearbeitung: Anhängsel, Vorrang, Globalalternative?

Auf der konzeptionellen Ebene der Leitlinien ist die Antwort auf die Frage nach der Stellung ziviler Konfliktbearbeitung klar: Vor dem Hintergrund der deutschen Geschichte und ausgehend vom Friedensauftrag des Grundgesetzes und dem internationalen Gewaltverbot der UN-Charta gehöre die

„Vermeidung von Krieg und Gewalt in den internationalen Beziehungen, das Verhindern von Völkermord und schweren Menschenrechtsverletzungen [...] zur deutschen Staatsraison [...]. Wo
immer möglich, geben wir zivilen Maßnahmen der Konfliktlösung
den Vorrang" (Bundesregierung 2017, S. 47, 58)

Zugleich wird klargestellt, dass bei der Stabilisierung von Nachkriegsgesellschaften militärische Maßnahmen unter bestimmten
Umständen notwendig sein können, um Gewalt einzuhegen und
ein sicheres Umfeld herzustellen. Dies ist seit vielen Jahren auch der
Kernauftrag von UN-geführten Friedensmissionen, der inzwischen
fast immer explizit den Schutz der Zivilbevölkerung einbezieht. Bei
den seit Jahren multidimensionalen und integrierten UN-Missionen
sind Vernetzung und zivil-militärische Zusammenarbeit unter dem
Primat der Politik (Sonderbeauftragte des UN-Generalsekretärs)
keine friedenspolitische Todsünde, sondern eine pragmatische
Frage sich ergänzender Fähigkeiten. In den Leitlinien gilt zivile
Konfliktbearbeitung als komplementär zu anderen Elementen
im vernetzten Ansatz, also auch als vereinbar mit militärischen
Maßnahmen der Stabilisierung, der Rüstungskontrolle und mi-
litärischen Vertrauensbildung (zum Beispiel *Open Skies*), der
Krisenfrüherkennung sowie der subsidiären Katastrophenhilfe
(vgl. Bundesregierung 2017, S. 89). Auch wenn die zahlreichen
Auslandseinsätze einen anderen Eindruck erwecken, gilt in der
Praxis deutscher internationaler Beziehungen das Primat der
zivilen Politik, der Vorrang der Diplomatie und die Bindung der
Kriseneinsätze an das Völkerrecht und den Parlamentsvorbehalt.
    Die neueren Ansätze und Instrumente der zivilen Konfliktbear-
beitung in Deutschland liegen im internationalen Vergleich vorne.
Verglichen mit der Finanz- und Personalausstattung der militäri-
schen Sicherheitspolitik, dem Umfang militärischer Forschung und
Fachpublizistik sowie dem enormen Bedarf an nichtmilitärischer
Krisenprävention liegt das Politikfeld der zivilen Konfliktbearbei-

tung aber noch weit zurück. Wenn das Missverhältnis zwischen zivilen und militärischen Mitteln mit der Gegenüberstellung der Haushaltmittel für den Zivilen Friedensdienst und die Bundeswehr illustriert wird (2018: 45 Millionen zu 49,5 Milliarden Euro), ist dies allerdings irreführend. Denn auch erhebliche Teile der Etats des Auswärtigen Amtes und des Entwicklungsministeriums dienen der nichtmilitärischen Krisenprävention und Friedensförderung, so dass die reale Relation eher in der Größenordnung 1:10 statt 1:1.000 liegt.

Die langjährige faktische Nischenexistenz der neuen Instrumente der zivilen Konfliktbearbeitung wurde erst mit der neuen Abteilung S des Auswärtigen Amtes, den neuen Leitlinien und den Schritten zu ihrer Umsetzung aufgebrochen. Allerdings fehlt es weiterhin an einem „Aufholprogramm" ziviler Konfliktbearbeitung, mit dem ihre Fähigkeiten und Kapazitäten planmäßig auf der Zeitachse gestärkt und kohärenter werden sollen. Die Forderung des Beirats „Zivile Krisenprävention" während der Koalitionsverhandlungen von CDU, CSU und SPD Anfang 2018, eine Konzeption „Fähigkeiten Krisen verhindern, Frieden fördern (zivil)" mit der Definition eines nationalen Anspruchsniveaus, mit zivilen Planzielen etc. auf den Weg zu bringen, wurde leider nicht in die Koalitionsvereinbarung aufgenommen.

Das Verhältnis von ziviler Konfliktbearbeitung und Polizeiaufbauhilfe wurde lange Zeit kaum thematisiert. Die deutsche Polizei versteht sich ausdrücklich als ziviler Akteur, ihre Aufbauhilfe soll Bürgersicherheit und eine Bürgerpolizei fördern und zu einem rechtsstaatlichen Gewaltmonopol beitragen. Die französische oder italienische Polizei umfasst hingegen mit einer Gendarmerie auch militärnahe Formationen. Zivilgesellschaftliche Akteure der zivilen Konfliktbearbeitung in Deutschland, selbst pazifistische, erkennen die Notwendigkeit von Polizei an und stellen die Legitimität von rechtsstaatlich eingehegter polizeilicher Gewalt nicht infrage.

Zugleich fand die Polizeikomponente in bisherigen Diskursen ziviler Konfliktbearbeitung kaum Beachtung. Ihr Potenzial für nachhaltige Gewalteindämmung und Friedensförderung wird meist nicht aktiv wahrgenommen. Dass das Trainingszentrum der Polizei Nordrhein-Westfalen für Internationale Polizeimissionen in Brühl die größte zivilpolizeiliche Ausbildungsstätte in Europa ist, ist praktisch unbekannt. 2018 nahm an der Deutschen Hochschule der Polizei in Münster-Hiltrup das Fachgebiet „Internationale polizeiliche Beziehungen" seine Arbeit auf. Über die Mitgliedschaft des Fachgebiet-Leiters im Beirat „Zivile Krisenprävention" der Bundesregierung bestehen gute Aussichten, dass zivile Konfliktbearbeitung und Polizeiaufbauhilfe einen produktiven Austausch entwickeln.

6   Alternative? Möglichst oft!

Zentrale Zielsetzung der zivilen Konfliktbearbeitung war von Anfang an die gewaltfreie Austragung von Konflikten, die Gewaltverhütung und damit auch die Vermeidung militärischer Gewalt. Sie will und soll eine wirksame Alternative zu militärischer Gewaltausübung sein – möglichst weitgehend oder auch generell.

Eine rechtzeitige, kluge und konzertierte Krisenprävention kann da viel leisten, viel mehr, als es bisher wahrgenommen wird. Sie kann in Konfliktszenarien wirken, wo rechtsstaatliche Akteure gar nicht zur Verfügung stehen. Nach dem Auseinanderbrechen des Ostblocks trugen OSZE-Missionen in vielen Transformationsländern wesentlich zur Einhegung von Minderheitenkonflikten bei. Mit der „erprobten Methodik" des zivilen *Peacekeeping* (*Unarmed Civilian Protection*) können unter bestimmten Bedingungen „Menschen vor Gewalt und schweren Menschenrechtsverletzungen" geschützt werden (Bundesregierung 2017, S. 51; vgl. auch Nachtwei 2014b).

Polizei in UN-Missionen lässt sich auch der zivilen Konfliktbearbeitung zurechnen. Um in Nachkriegsgesellschaften Bürgersicherheit zu fördern, ist der Anteil der UN-Polizei an UN-Friedensmissionen seit den 1990er Jahren enorm angestiegen – auf inzwischen deutlich über 10.000 Polizistinnen und Polizisten, davon allerdings nur rund 20 deutsche.

Auf der operativen Ebene und bei geringerem Gewaltniveau können Akteure der zivilen Konfliktbearbeitung oftmals eine Alternative zum Militär sein. Als 2005 im Kontext eines rot-grünen Koalitionsstreits das Verteidigungsministerium dazu gebracht werden konnte, für Projekte des neuen Ressortkreises „Zivile Krisenprävention" 10 Millionen Euro zur Verfügung zu stellen, wurde dies ausdrücklich damit begründet, mit Präventionsmaßnahmen Militäreinsätze überflüssig zu machen. Ein Haupthindernis bei Waffenstillständen und Friedensabkommen ist aber immer wieder, dass zivile Fachkräfte bisher kaum schnell verfügbar sind. Darauf weisen Vertreter des Militärs selbst immer wieder hin, wenn sie auf die schnelle Verfügbarkeit von zivilen Kräften bei *Peacekeeping*-Einsätzen drängen.

7   Globalalternative?

Im friedenspolitischen und friedensbewegten Diskurs sehen nicht wenige zivile Konfliktbearbeitung unausgesprochen oder explizit als „Globalalternative" zu militärgestützter Sicherheitspolitik, manchmal einhergehend mit einem friedenspolitischen Alleinvertretungsanspruch.

Der Anspruch der Globalalternative schimmert implizit durch, wenn einzelne Friedensdienste ihren Weg als *die* Alternative zu Aufrüstung und Krieg erscheinen lassen. Andere erheben den Anspruch explizit als politische Zielperspektive, so der Bund für

Soziale Verteidigung, „Ohne Rüstung leben", das Szenario „Sicherheitspolitik neu denken" (vgl. Becker et al. 2019) und andere. Als Ausdruck eines prinzipiellen Pazifismus ist das auch konsequent. Wo es einhergeht mit einer Praxis und Weiterentwicklung von Gewaltfreiheit, kann es friedenspolitisch sehr produktiv und konstruktiv sein, auch weit über pazifistische Kreise hinaus. Exemplarisch erlebte ich das bei dem erfahrungsstarken Vortrag von Christine Schweizer über die Realität und Erfolge von zivilem Widerstand und sozialer Verteidigung bei der Jahrestagung des Bundes für Soziale Verteidigung 2018.

Der Anspruch der politischen Globalalternative wirkt allerdings nicht überzeugend, wenn

- Schlüsselfragen kollektiver Friedens- und Sicherheitspolitik (zum Beispiel die staatliche Schutzpflicht für die eigenen Bürgerinnen und Bürger gegenüber illegaler Gewalt, Beistandspflichten in Systemen kollektiver Sicherheit, angefangen bei den Vereinten Nationen) und des Multilateralismus vernachlässigt, gar ausgeklammert werden;
- existenzielle Erfahrungen und Lehren der europäischen Völker im 20. Jahrhundert (Wehrlosigkeit gegenüber dem Aggressor Nazi-Deutschland und seinem Vernichtungskrieg, Befreiung durch alliierte Truppen) verdrängt und reale Bedrohungspotenziale und kompromisslose Gewaltakteure heute (zum Beispiel die Privatisierung von Gewalt, genozidale Gewalt, entgrenzter Terrorismus und organisierte Kriminalität) kaum wahrgenommen werden;
- eine Sicherheitspolitik, die völkerrechts- und verfassungskonform militärische Mittel einschließt (nach Art. 24, 25 und 87a GG), pauschal der Gewaltgläubigkeit und Kriegsförderung bezichtigt, damit moralisch abgewertet und der zivilisatorische

Fortschritt von Streitkräften im Friedensauftrag mit Innerer Führung nicht ernst genommen wird;

- die enormen und vielfältigen Erfahrungen aus 30 Jahren multinationalen und multidimensionalen Krisenengagements (der UNO, EU, NATO, AU, des ZIF etc.) auf „Irak, Afghanistan, Libyen" verkürzt und damit missachtet werden;
- der Eindruck erweckt wird, als könnten mit Krisenprävention und ziviler Konfliktbearbeitung Gewaltkonflikte generell verhindert werden (Risiko von Selbstüberschätzung und Machbarkeitsillusionen);
- die Bewältigung akuter Friedensstörungen an eine OSZE- und UN-Polizei delegiert werden soll, die schon gegenüber schwer bewaffneten Milizen nicht überlebens-, geschweige durchsetzungsfähig wären, oder
- der elementare *Do-No-Harm*-Grundsatz nicht auf mögliche kontraproduktive Nebenwirkungen bei der Umsetzung der eigenen Forderungen angewandt wird (gegebenenfalls eine Unterhöhlung von Integration und Multilateralismus durch nationale Sonderwege).

Das im Auftrag der Landessynode der Evangelischen Landeskirche in Baden entwickelte Szenario „Sicherheit neu denken – Von der militärischen zur zivilen Sicherheitspolitik" erhebt den Anspruch, eine Globalalternative zu militärgestützter Sicherheitspolitik zu sein, diese also völlig überflüssig zu machen. Das Positivszenario „Nachhaltige zivile Sicherheit" knüpft an bestehenden konstruktiven Politikansätzen an und baut auf reale Chancen auf. Es praktiziert einen umfassenden Ansatz und führt die Felder gerechte Außenbeziehungen, nachhaltige Entwicklung der EU-Anrainerstaaten, Teilhabe an der internationalen Sicherheitsarchitektur, resiliente Demokratie und Konversion von Bundeswehr und Rüstungsindustrie zusammen. Insofern beinhaltet das Szenario viel

Anregendes und auch Ermutigendes. Angesichts des Anspruchs einer pazifistischen Globalalternative für die Bundesrepublik Deutschland drängen sich aber die oben genannten kritischen Fragen auf. Und diese berühren insbesondere die Zukunft der europäischen Integration, eines effektiven Multilateralismus und der UN-Friedenssicherung als elementare Voraussetzungen von Kriegsverhütung und Friedensentwicklung in Europa und weltweit.

8   Gewaltverhütung und Friedensförderung durch vernetztes Handeln

Damit im Rahmen des Friedensgebots des Grundgesetzes und der UN-Charta wirksamer für gemeinsame operative friedenspolitische Ziele zusammengearbeitet werden kann, braucht es

- mehr Offenheit, Dialog- und Kooperationsbereitschaft gegenüber den bemerkenswert vielen Menschen, die sich in verschiedenen Milieus und mit unterschiedlichen politischen Orientierungen für friedliches Zusammenleben und Frieden einsetzen;
- mehr Zielklarheit auf operativer Ebene sowie Verständnis, wer was kann;
- Bodenhaftung, Bescheidenheit, strategische Geduld, aber auch immer wieder konstruktive Ungeduld, wenn es um das Nutzen von Zeitfenstern geht;
- mehr Orte und Formate der gemeinsamen Analyse, des Übens, des Erfahrungslernens und der Wirkungsbeobachtung und -analyse,
- eine systematische Chancenorientierung für wirksamere Prävention, aber auch Ermutigung;
- endlich eine gemeinsame, ressort- und akteursübergreifende öffentliche Kommunikation für ein Politikfeld, das in der

Gesellschaft wohl grundsätzlich Sympathie, aber sehr wenig Aufmerksamkeit erfährt und weitgehend „unsichtbar" ist.

Seit 2013 wird auch in Deutschland der *International Day of UN-Peacekeepers* der Vereinten Nationen begangen. An diesem „Tag des Peacekeepers" ist Friedensförderung durch vernetztes Handeln erlebbar. Alljährlich laden die Minister des Auswärtigen, der Verteidigung und des Innern *Peacekeeper* des zurückliegenden Jahres zu einer Feierstunde nach Berlin ein. Je drei Polizistinnen und Polizisten, Soldatinnen und Soldaten sowie Zivilexpertinnen und -experten werden stellvertretend für ihre Kolleginnen und Kollegen geehrt. Nirgendwo sonst kommen in Deutschland so viele und so verschiedene *Peacekeeper* zusammen. Es sind Friedenspraktiker in Uniformen und Zivil, mit hoher fachlicher und interkultureller Kompetenz, mit Bodenhaftung, Zuversicht und langem Atem und mit Willen zu gemeinsamer Friedensförderung. In Zeiten, wo sich Krisen und politische Egozentriker häufen, sind solche handfesten Friedenspraktikerinnen und -praktiker umso wichtiger: Von diesen Frauen und Männern gibt es in Deutschland inzwischen viele Zehntausende. Zusammen mit den Frauen und Männern von Entwicklungsorganisationen, Zivilem Friedensdienst und Hilfsorganisationen machen sie Mut und Hoffnung und geben vernetzter Friedenssicherung ein Gesicht (vgl. u. a. Nachtwei 2019).

Literatur

Becker, Ralf, Stefan Maaß und Christof Schneider-Harpprecht (Hrsg.). 2019. Sicherheitspolitik neu denken. Von der militärischen zur zivilen Sicherheitspolitik – Ein Szenario bis zum Jahr 2040. https://www.ekiba. de/html/content/szenario_sicherheit_neu_denken.html. Zugegriffen: 15. September 2019.

Bundesministerium der Verteidigung (BMVg). 2006. Weißbuch zur Sicherheitspolitik und zur Zukunft der Bundeswehr. file:///C:/Users/ Winfried/AppData/Local/Temp/Weissbuch_2006_Kapitel_1_mB_sig-2.pdf. Zugegriffen: 15. September 2019.

Bundesministerium der Verteidigung (BMVg). 2011. Verteidigungspolitische Richtlinien 2011. file:///C:/Users/Winfried/AppData/Local/ Temp/Verteidigungspolitische%20Richtlinien%20(27.05.11)-1.pdf. Zugegriffen 15. September 2019.

Bundesministerium der Verteidigung (BMVg). 2016. Weissbuch zur Sicheiheitsspolitik und zur Zukunft der Bundeswehr. https://www. bundesregierung.de/resource/blob/975292/736102/64781348c12e-4a80948ab1bdf25cf057/weissbuch-zur-sicherheitspolitik-2016-download-data.pdf?download=1. Zugegriffen: 15. September 2019.

Bundesregierung. 2017. Leitlinien Krisen verhindern, Konflikte bearbeiten, Frieden fördern der Bundesregierung. https://www.auswaertiges-amt. de/blob/1213498/d98437ca3ba49c0ec6a461570f56211f/krisen-verhindern-data.pdf. Zugegriffen: 15. September 2019.

Finckh-Krämer, Ute, Christian Fuchs, Helmut Harff, Axel Jancke und Winfried Nachtwei. 2013. Politisches Engagement in Konflikten – Optimierung der Interaktion zwischen zivilen und militärischen Akteuren. https://www.files.ethz.ch/isn/170651/253_AG_Ziv_u_Mil_Engagement_in_Konflikten.pdf. Zugegriffen: 15. September 2019.

German Public Policy Institute (GPPI). 2017. PeaceLab-Blog. https:// peacelab.blog/. Zugegriffen: 15. September 2019.

Nachtwei, Winfried. 2006. Pazifismus zwischen Ideal und politischer Realität. In *Pazifismus. Ideengeschichte, Theorie und Praxis*, hrsg. von Barbara Bleisch und Jean-Daniel Strub, 303–317. Bern: Haupt Verlag.

Nachtwei, Winfried. 2012. Akteur oder Zuschauer? Was vernetzte Sicherheit für den Bundestag bedeutet – ein Erfahrungsbericht. *Zeitschrift für Außen- und Sicherheitspolitik* (4): 23–39.

Nachtwei, Winfried. 2014a. Lehren aus 10 Jahren Aktionsplan Zivile Krisenprävention: Wie weiter? Stellungnahme bei der Öffentlichen Sitzung des Unterausschusses „Zivile Krisenprävention, Konfliktbearbeitung und vernetztes Handeln" am 5. Mai 2014 im Deutschen Bundestag. https://www.bundestag.de/resource/blob/283314/273a1e38646093202 8291390c43ab3c9/nachtwei-data.pdf. Zugegriffen: 15. September 2019.

Nachtwei, Winfried. 2014b. *Ziviles Peacekeeping (UCP) – Alternative zu Militäreinsätzen?* http://nachtwei.de/index.php?module=articles&func=display&catid=77&aid=1338. Zugegriffen: 15. September 2019.

Nachtwei, Winfried. 2017. Deutlicher Fortschritt, aber mit Handicaps, Kommentar zu den Leitlinien. http://nachtwei.de/index.php?module=articles&func=display&catid=77&aid=1482. Zugegriffen: 15. September 2019.

Nachtwei, Winfried. 2019. Tag des Peacekeepers 2019 – Verlässlich gemeinsam für mehr Frieden in Krisenländern (mit Links zu Berichten 2013–2018). http://nachtwei.de/index.php?module=articles&func=display&aid=1590. Zugegriffen: 15. September 2019.

Zivile Krisenprävention und Friedensförderung durch staatliche und nichtstaatliche Akteure

Fortschritte, Hindernisse, Herausforderungen

1   Einleitung

Die Denkschrift der Evangelischen Kirche in Deutschland (EKD)
„Aus Gottes Frieden leben – für gerechten Frieden sorgen" (EKD
2007) orientiert ihre Vision von Frieden sowohl an den Kate-
gorien Recht und Gerechtigkeit als auch an den Konzepten der
menschlichen Sicherheit und der menschlichen Entwicklung, die
von der Generalversammlung der Vereinten Nationen unterstützt
werden. In der christlichen Ethik sind – nicht zuletzt aufgrund der
Diskurse der internationalen ökumenischen Bewegung – Frieden
und Gerechtigkeit inzwischen untrennbar miteinander verbunden.
Gerechtigkeit wird in der EKD als „Kategorie einer sozialen Praxis
der Solidarität" verstanden, die sich „vorrangig den Schwachen und
Benachteiligten zuwendet" und sich „im Gebot der Nächsten-, ja
Feindesliebe [erfüllt]" (EKD 2007, Ziff. 77). Frieden definiert sie als
gesellschaftlichen Prozess abnehmender Gewalt und zunehmender
Gerechtigkeit, im Sinne politischer und sozialer Gerechtigkeit, und
als „normatives Prinzip gesellschaftlicher Institutionen" (EKD 2007,
Ziff. 80). Zum gerechten Frieden gehören der Schutz vor Gewalt,

© Springer Fachmedien Wiesbaden GmbH, ein Teil von Springer Nature 2020
I.-J. Werkner und H.-G. Stobbe (Hrsg.), *Friedensethische Prüfsteine
ziviler Konfliktbearbeitung*, Gerechter Frieden,
https://doi.org/10.1007/978-3-658-28641-5_8

ein Leben in Würde, die Förderung der Freiheit, der Abbau von Not und das Recht. Dabei wird die globale Friedensordnung als Rechtsordnung gesehen (vgl. EKD 2007, Ziff. 86).

Aus diesem Leitbild ergibt sich als politische Friedensaufgabe die Stärkung universaler Organisationen, vor allem der Vereinten Nationen und ihrer Regionalorganisationen. Der Diplomatie, der Verrechtlichung der Staatenbeziehungen und dem Ausbau des Völkerrechts auf Grundlage der UN-Charta wird zentrale Bedeutung beigemessen. Die Denkschrift fordert den Ausbau der internationalen Institutionen sowie der multilateralen und europäischen Kooperationen, die einen Beitrag zur Prävention gewaltsamer Konflikte und zur Bewältigung von Gewaltursachen leisten. Dafür müsse sich deutsche Politik engagieren. Frieden hat für die EKD aber auch eine gesellschaftliche Dimension, denn auch innerhalb von Staaten und Gemeinwesen müssten „institutionalisierte [...] Formen gewaltfreier Streitbeilegung" erhalten, immer erneut bekräftigt und weiterentwickelt werden (EKD 2007, Ziff. 171). Die Schrift geht davon aus, dass

> „das friedensstiftende gerechte Handeln seinerseits nur im Frieden geschehen und aus ihm hervorgehen [kann]": „Schon der Weg ist das Ziel – genauer: Die Mittel zum Frieden müssen bereits durch den Zweck qualifiziert, die Methoden müssen dem Ziel angemessen sein" (EKD 2007, Ziff. 76).

Auf dem Weg zum gerechten Frieden werde zivile Konfliktbearbeitung zur „vorrangigen Aufgabe":

> „Wenn Auseinandersetzungen eskalieren und bestehende Regeln der Konfliktbearbeitung sich als unzureichend erweisen oder außer Kraft gesetzt werden, kommt es vorrangig auf Verfahren an, die der Verhinderung gewalttätiger Auseinandersetzungsformen dienen. Im Fall schon eingesetzter Gewalt geht es um Deeskalation von Gewalt. Und nach einer formalen Beendigung gewalttätiger Formen

von Auseinandersetzung muss eine dauerhafte Konsolidierung, also eine Verstetigung gewaltloser Konfliktbearbeitung durch Institutionen und verlässlich befolgte Regeln angestrebt werden, sowie die Entwicklung neuer Lebensperspektiven vor Ort durch Armutsbekämpfung und Aufbau einer Friedenswirtschaft. Von besonderer Bedeutung ist zivile Konfliktbearbeitung beim Beginn einer krisenhaften Entwicklung und in der Phase nach Beendigung kriegerischer Handlungen" (EKD 2007, Ziff. 174).

Mit dem Begriff der zivilen beziehungsweise konstruktiven Konfliktbearbeitung wird ausgedrückt,

> „dass es nicht um Konfliktvermeidung *an sich* [...] geht, sondern um die Vermeidung *eskalationsträchtiger* politischer Konflikte und um die möglichst dauerhafte Vorbeugung gegen eine *gewaltträchtige* Austragung von Konflikten in jedweder *Phase* eines Konflikts" (EKD 2007, Ziff. 173).

Es geht also zugleich um *Prävention* und um *Nachsorge*, die kriegs-zerstörte Gesellschaften vor dem Rückfall in gewalttätige Ausein-andersetzung bewahren soll. Zivilgesellschaftlichen Organisationen wird dabei große Bedeutung geschrieben:

> „Neben dem klassisch-diplomatischen ersten Pfad finden sich verschiedene nichtstaatliche Pfade von Kirchen und religiösen Organisationen, von Nichtregierungsorganisationen und politischen Stiftungen, aber auch von einzelnen Bürgern und Wirtschaftsak-teuren. Diese Vielzahl der Pfade und Akteure verdeutlicht, dass die Einwirkung auf internationale Konfliktfelder mehrdimensional ist" (EKD 2007, Ziff. 173).

Zivilgesellschaftliche Akteure, NGOs und Forschungseinrichtun-gen aus der friedens- und entwicklungspolitischen Szene sowie Repräsentantinnen und Repräsentanten der Kirchen und kirchen-nahen Hilfswerke waren es auch, die in den vergangenen Dekaden hierzulande politische Mandats- und Entscheidungsträgerinnen und -träger nachdrücklich zum Ausbau ziviler Politikinstrumente animiert und beraten haben. Seit Ende der 1990er Jahre intensivierte sich der Dialog zwischen staatlichen und nichtstaatlichen Akteuren und es wurden vielversprechende Kooperationen auf den Weg gebracht:

- die Arbeitsgemeinschaft Frieden und Entwicklung (FriEnt), ein staatlich-zivilgesellschaftlicher Zusammenschluss, in dem das Bundesministerium für wirtschaftliche Zusammenarbeit (BMZ) und die Gesellschaft für internationale Zusammenarbeit (GIZ) eine Kooperation mit NGOs, kirchlichen Hilfswerken und politischen Stiftungen etablierten, um die entwicklungspolitische Praxis konfliktsensibel zu gestalten;
- das „Zentrum für Internationale Friedenseinsätze" (ZIF) machte sich an den Aufbau eines Personalpools für UN- und OSZE-Missionen und schuf dafür ein qualifiziertes Ausbildungsprogramm;
- die Einrichtung des Programms „Zivik" des Instituts für Auslandsbeziehungen (IfA), mit dem internationale und lokale Projekte der Prävention, Friedensförderung und Aussöhnung gefördert werden;
- die Entsendung von Friedensfachkräften im Rahmen des Zivilen Friedensdienstes (ZFD), der. von NGOs gemeinsam mit dem BMZ als Konsortium etabliert wurde und seit 1999 rund 1.400 Fachkräfte in über 50 Länder entsandt hat (2018 waren 300 Personen im Einsatz);
- die Gründung der Deutschen Stiftung Friedensforschung (mit einem von Wissenschaftlerinnen und Wissenschaftlern sowie Politikerinnen und Politikern besetzten Stiftungsrat) durch das Bundesministerium für Bildung und Forschung sowie
- ein auf Initiative von Abgeordneten, wissenschaftlichen Einrichtungen und NGOs 2004 erstellter und vom Kabinett ver-

abschiedeter Aktionsplan zivile Krisenprävention, Konfliktlösung und Friedenskonsolidierung. Damit wurde erstmals eine Bestandsaufnahme vorgelegt. Seine Umsetzung wurde durch einen zivilgesellschaftlichen Beirat begleitet und durch Berichte an den Deutschen Bundestag dokumentiert.

Ab 2015 gab es auf staatlicher Ebene abermals neue Impulse: Im Auswärtigen Amt wurden neue Strukturen geschaffen, Zuständigkeiten neu geordnet und Diskussionsprozesse angestoßen, die zu neuen ressortübergreifenden Leitlinien führten und den Aktionsplan von 2004 aktualisieren und ersetzen.

Dieser Beitrag untersucht, wie die aktuellen bundespolitischen Maßnahmen friedensethisch im Kontext des gerechten Friedens zu bewerten sind und wie sie sich zum Engagement zivilgesellschaftlicher Akteure verhalten. Der zweite Abschnitt nimmt die aktuellen Maßnahmen in den Blick, analysiert die neuen Leitlinien auf ihre ethischen Orientierungen, Normen und Prinzipien hin (Abschnitt 2.1) und nimmt eine Bewertung der ersten Operationalisierungsschritte vor (Abschnitt 2.2). Abschließend diskutiert der Beitrag gegenwärtige Herausforderungen für eine glaubwürdige Umsetzung der Leitlinien (Abschnitt 3).

2   Institutionelle Neuerungen und die Leitlinien der Bundesregierung von 2017

Während der Amtszeit von Bundesaußenminister Frank-Walter Steinmeier wurde im Auswärtigen Amt eine neue Abteilung für Krisenprävention, Frühwarnung und Mediation, humanitäre Hilfe,

Stabilisierung und Konfliktnachsorge (Abteilung „S") eingerichtet.[1]
Dies war ein Ergebnis des Konsultationsprozesses „Review 2014 –
Außenpolitik weiter denken", der im Dialog mit internationalen
und nationalen Thinktanks zur deutschen Außenpolitik geführt
wurde. Die Abteilung „S" wird seither von einem Ministerialdi-
rektor geleitet und mit einem Beauftragten für Humanitäre Hilfe
und Haushaltsfragen sowie einem Beauftragten für zivile Krisenprävention und Stabilisierung ausgestattet.

Die neuen ressortübergreifenden Leitlinien wurden im Sommer
2017 unter dem Titel „Krisen verhindern, Konflikte bewältigen,
Frieden fördern" vom Kabinett verabschiedet.[2] Dem ging ein
umfangreicher Konsultationsprozess – PeaceLab 2016 (www.pea-
celab2016.de) – mit Thinktanks, wissenschaftlichen Einrichtungen
und Zivilgesellschaft voran. In 27 Veranstaltungen mit über 1.800
Teilnehmenden wurden internationale Themen und Anforderungen
an die deutsche Politik diskutiert. Expertinnen und Experten aus
der Wissenschaft, Zivilgesellschaft, den kirchlichen Hilfswerken,
der Politik, Wirtschaft und den Verbänden erhielten zudem Gelegenheit, ihre Analysen und Positionen in Blogbeiträgen auf der
PeaceLab-Website zu veröffentlichen. So wurde ein umfangreiches
internet-gestütztes Kompendium geschaffen, das einen umfassenden Einblick in die Expertise der unterschiedlichen politischen und
gesellschaftlichen Akteure gibt und diese in einen kontroversen
und konstruktiven Dialog miteinander bringt. Unter Federführung
des Auswärtigen Amts wurden die neuen Leitlinien schließlich von
Mitarbeiterinnen und Mitarbeitern unterschiedlicher Ministerien
gemeinsam verfasst. Wenngleich das Leitlinienpapier auch Defi-

---

1   Vgl. http://www.auswaertiges-amt.de/DE/AAmt/Abteilungen/S_node.
    html. Zugegriffen: 5. September 2019.
2   Vgl. https://www.auswaertiges-amt.de/blob/1213498/d98437ca3ba-
    49c0ec6a461570f56211f/krisen-verhindern-data.pdf. Zugegriffen: 5.
    September 2019.

zite und Ungereimtheiten aufweist, so enthält es doch eine Reihe von ethischen und politischen Fundierungen, die auch von der friedens- und entwicklungspolitisch engagierten Zivilgesellschaft mitgetragen werden können, und an denen sich das Handeln der politischen Mandats- und Entscheidungsträgerinnen und -träger in Zukunft messen lassen kann.

2.1   Leitbild und „wertegebundene Grundlagen" der Leitlinien

Schon in der Einleitung der Leitlinien werden ambitionierte Ziele formuliert. Insbesondere wird die Verpflichtung zu einer aktiven Friedenspolitik im internationalen Kontext aus der deutschen (gewaltsamen) Geschichte und der Verfassung der Bundesrepublik Deutschland abgeleitet:

> „Die Förderung des Friedens in der Welt gehört vor dem Hintergrund unserer historischen Erfahrung zu den zentralen Staatszielen, die das Grundgesetz deutscher Politik vorgegeben hat. Wir sind auch aus ethischer Verpflichtung und aus eigenem Interesse gefordert, uns weltweit dafür einzusetzen, Krisen zu verhindern, Konflikte zu bewältigen und den Frieden zu fördern. Unser Engagement wird angeleitet von der langfristigen Vision eines positiven Friedens, die über die Abwesenheit von Krieg hinaus reicht. Vielmehr nimmt sie die strukturellen Ursachen gewaltsamer Konflikte wie Armut, Ungleichheit, Verletzung der Menschenrechte und Einschränkung politischer Teilhabe in den Blick" (Bundesregierung 2017, S. 11).

Im ersten Kapitel wird ausgeführt, dass sich die Weltordnung im Umbruch befinde und deutsche Politik Verantwortung dafür übernehmen müsse, dass Konflikte ohne Gewaltanwendung ausgetragen und völkerrechtskonforme Lösungen gefunden werden. Konfliktpotenziale und Friedensbedrohungen werden vor allem

in fragiler Staatlichkeit, Nationalismus, religiösem Fanatismus
und gewaltbereitem Extremismus ausgemacht, in der Internatio-
nalisierung innerstaatlicher Auseinandersetzungen, der Bevölke-
rungsdynamik, dem Klimawandel und Naturkatastrophen sowie
(„illegaler") Migration.

Im zweiten Kapitel wird das *Leitbild der Bundesregierung* dargelegt und es werden handlungsleitende *Normen und Werte* definiert
(vgl. Bundesregierung 2017, S. 44ff.). Es beginnt mit der Aussage:

> „Frieden beginnt mit der Abwesenheit organisierter, physischer
> Gewaltanwendung. Er kann jedoch nur nachhaltig sein, wenn
> weitere Elemente wie politische und soziale Teilhabe, Rechtstaat-
> lichkeit sowie die Achtung, der Schutz und die Gewährleistung der
> Menschenrechte hinzukommen. Nachhaltiger Frieden ist überall
> dort gegeben, wo Menschen unabhängig von ihrer Herkunft und
> ihren Lebensumständen in ihren unveräußerlichen Rechten ge-
> achtet werden und die Freiheit haben, ihr Leben selbstbestimmt
> zu gestalten" (Bundesregierung 2017, S. 45).

Deutsche Außenpolitik folge der

> „Vision eines positiven, nachhaltigen Friedens, wie sie in der Agenda
> 2030 für nachhaltige Entwicklung der Vereinten Nationen ihren
> Ausdruck gefunden hat. Ein solcher Frieden ermöglicht ein wür-
> devolles Leben und eine nachhaltige Entwicklung. Nur wo Frieden
> herrscht und Menschen gleichberechtigt in Sicherheit leben können,
> schöpfen sie ihr volles Potenzial aus" (Bundesregierung 2017, S. 45).

Ohne nachhaltige Entwicklung könne es keinen dauerhaften Frieden geben, diesen gelte es im Inneren und Äußeren zu sichern, und

> „dem Friedensauftrag des Grundgesetzes gerecht zu werden bedeu-
> tet heute, in Anbetracht zahlreicher Krisen, neuer geopolitischer
> Konfliktlinien und einer zunehmenden Infragestellung globaler
> und regionaler Ordnungsstrukturen stärker international Ver-

antwortung für Frieden, Freiheit, Entwicklung und Sicherheit zu übernehmen" (Bundesregierung 2017, S. 44).

Ähnlich wie die EKD-Denkschrift verknüpfen auch die Leitlinien der Bundesregierung Frieden mit Nachhaltigkeit unter Verweis auf die Agenda 2030 für nachhaltige Entwicklung der Vereinten Nationen:

> „Ein solcher Frieden ermöglicht ein würdevolles Leben und nachhaltige Entwicklung. Nur wo Frieden herrscht und Menschen gleichberechtigt in Sicherheit leben können, schöpfen sie ihr volles Potenzial aus. Frieden öffnet Räume für freies Denken, politische Teilhabe, kulturelles Schaffen, wirtschaftliches Wachstum, soziale Gerechtigkeit und ökologisches Handeln. Und umgekehrt gilt: Ohne nachhaltige Entwicklung kann es keinen dauerhaften Frieden geben" (Bundesregierung 2017, S. 45).

Frieden wird als „höchstes Gut internationaler Beziehungen" definiert, das in der UN-Charta verankerte allgemeine Gewaltverbot bilde ein „unverzichtbares Fundament jeder internationalen Ordnung" (Bundesregierung 2017, S. 45). Zudem gründet sich das Friedensverständnis auf einen menschenrechtsbasierten Ansatz:

> „Die universellen und unteilbaren Menschenrechte dienen nicht nur dem Schutz des Individuums vor staatlicher Willkür, sondern sind auch Voraussetzung für die langfristige Stabilität staatlicher und gesellschaftlicher Ordnungen. Achtung, Schutz und Gewährleistung der bürgerlichen und politischen sowie der wirtschaftlichen, sozialen und kulturellen Menschenrechte sind Querschnittsaufgabe deutscher Politik. Die Würde jedes Einzelnen, Gleichberechtigung und Gleichstellung, Nichtdiskriminierung und menschliche Sicherheit stehen im Zentrum ihres Handelns" (Bundesregierung 2017, S. 47).

Zu den grundlegenden Werten und Normen, die einen „Kompass"
für deutsche Politik bilden sollen, gehören das Engagement für

- „legitime und leistungsfähige politische Ordnungen, die vor
  staatlicher Willkür schützen, die Menschenrechte achten sowie
  Partizipation, Pluralismus und Transparenz politischen Handelns sichern" (Bundesregierung 2017, S. 47);
- sozialen Zusammenhalt und den nachhaltigen Umgang mit
  den natürlichen Lebensgrundlagen für eine friedliche gesellschaftliche Entwicklung;
- „ein vereintes, von gemeinsamen Werten und Überzeugungen
  getragenes Europa mit starken Institutionen" und die Veranke-
  rung Deutschlands in der Europäischen Union als „zentraler
  Bezugspunkt für die deutsche Politik" (Bundesregierung 2017,
  S. 47);
- die Auseinandersetzung mit der eigenen Vergangenheit: „Die
  Vermeidung von Krieg und Gewalt in den internationalen
  Beziehungen, das Verhindern von Völkermord und schweren
  Menschenrechtsverletzungen und das Eintreten für bedrohte
  Minderheiten sowie für die Opfer von Unterdrückung und
  Verfolgung gehören zur deutschen Staatsraison" (Bundesre-
  gierung 2017, S. 47).

Auch der aktive Schutz von Menschenrechtsverteidigerinnen und
-verteidigern wird prominent behandelt (vgl. Bundesregierung
2017, S. 50). Weiterhin wird im Rahmen der Leitbilddefinition auf
das einst im UN-Kontext entwickelte Prinzip der internationalen Schutzverantwortung (*Responsibility to Protect*, R2P) Bezug
genommen und hervorgehoben, dass die Bundesregierung die
Weiterentwicklung ziviler Ansätze im Rahmen des R2P-Konzeptes
unterstütze. Das ist insofern überraschend, als das Konzept der
R2P sich nie zu einer völkerrechtlichen Norm entwickelt hat und

seit der Libyen-Intervention westlicher Mächte (die den Menschenrechtsschutz propagiert, aber faktisch einen Regimewandel vollzogen haben) im UN-Kontext von zahlreichen Mitgliedsstaaten nicht mehr als glaubwürdig erachtet wird.

Schließlich wird im Abschnitt 2.1.2. der Leitlinien dargelegt, welche Beiträge die Bundesregierung zu „nachhaltigen und stabilen Friedensordnungen" im Einzelnen leisten soll (Bundesregierung 2017, S. 48f.):

1. den Schutz der Bürgerinnen und Bürger und die Bewahrung der Souveränität und territorialen Integrität Deutschlands und seiner Verbündeten vor „Bedrohungen wie Terrorismus, hybride Gefahren und menschenverachtende Ideologien";
2. die „Sicherung des Wohlstands unserer Bürgerinnen und Bürger durch Bewahrung einer freien und sozialverantwortlichen Weltwirtschaft" – Frieden sei eine „Grundbedingung für freien und fairen Marktzugang, für Investitionsmöglichkeiten und für die Sicherheit internationaler Handels und Verkehrswege";
3. die „Aufrechterhaltung und Mitgestaltung einer regelbasierten Ordnung" (die „Achtung und Durchsetzung des Völkerrechts" sowie die „Weiterentwicklung seiner Normen" und die „Stärkung multilateraler Institutionen zur Prävention und Lösung internationaler Konflikte, zum Schutz globaler öffentlicher Güter und zur Regelung grenzüberschreitenden Austauschs");
4. die „Reduzierung irregulärer Migration und ungesteuerter Fluchtbewegungen sowie die Förderung regulärer Migration", Rüstungskontrolle, Abrüstung und Nichtverbreitung mit dem Ziel der Förderung von Stabilität und Sicherheit auf regionaler und globaler Ebene;
5. den „Schutz der natürlichen Grundlagen menschlichen Zusammenlebens zur Bewahrung von Chancen zukünftiger Generationen" – das erfordere entschlossenes und verantwortungsvolles

Handeln gegen die vielfältigen Bedrohungen der Umwelt und des Klimas und weiterer von Menschen erzeugten Gefahren sowie

6. die Verlässlichkeit innerhalb der kollektiven Sicherungssysteme auf Ebene der Vereinten Nationen, der Europäischen Union, der Organisation für Sicherheit und Zusammenarbeit in Europa (OSZE) und der NATO.

In diesem Abschnitt scheint teilweise die klassische Sicherheitslogik und sicherheitspolitische Agenda durch, in der Migration mit Naturkatastrophen und Friedensbedrohungen durch Gewaltakteure auf dieselbe Stufe gestellt werden. Ethische und interessenbezogene Aspekte wechseln sich ab. Andere Teile des Papiers dagegen wirken der Präventionsagenda und Reflexion der eigenen Politik verpflichtet. So erklärt die Bundesregierung in Abschnitt 2.2.2., dass sie ihr auf Krisenprävention gerichtetes Handeln „kontextspezifisch, inklusiv und langfristig" und zugleich am „selbstbestimmten Handeln" (*local ownership*) der Akteure in Krisenregionen ausrichten wird (Bundesregierung 2017, S. 53). Es gelte, „Risiken transparent" zu machen, „kohärent zu handeln" und „Sorgfaltspflichten" zu beachten. Indem sie das *Do-No-Harm-Prinzip*, also die unbedingte Vermeidung nicht erwünschter (konfliktverschärfender) Nebenwirkungen internationaler Unterstützung thematisieren und dazu auffordern, Wechselwirkungen mit anderen Politikfeldern im Blick zu halten, gehen die Leitlinien deutlich über den bisherigen Aktionsplan der Bundesregierung von 2004 hinaus. Schließlich will sich die Bundesregierung auf globaler Ebene nicht nur für Abrüstung und Rüstungskontrolle starkmachen, sondern auch dafür einsetzen, dass die internationale Wirtschafts-, Finanz- und Handelspolitik konfliktvorbeugend gestaltet wird (vgl. Bundesregierung 2017, S. 57). Spätestens mit diesem Satz erscheinen die Leitlinien wirklich ambitioniert:

> „Als Vorreiter in der globalen Politik zur Begrenzung des Kli-
> mawandels und zum Schutz der natürlichen Lebensgrundlagen
> versuchen wir auch, konfliktverschärfende Faktoren zu reduzieren"
> (Bundesregierung 2017, S. 57).

Leider erfährt man nichts darüber, mit welchen konkreten Poli-
tikschritten die Bundesregierung diese Vorreiterrolle ausfüllen
möchte. Es folgt das Bekenntnis zum Primat der Politik und
dem Vorrang der Prävention und Krisenfrüherkennung, für das
die Bundesregierung ein breites ziviles Instrumentarium nutzen
möchte, und zur weiteren Entwicklung der Ressortabstimmung
zu diesen Themen.

Ein weiterer Abschnitt behandelt das Thema „Partnerschaften".
Den *nicht-staatlichen Partnern* widmen die Leitlinien ebenfalls
einen eigenen Abschnitt: Gesellschaftliche Transformation sei eine
„Generationenaufgabe" und für diese komme gesellschaftlichen
Akteuren große Bedeutung zu: Konkret werden „veränderungs-
bereite Akteure – insbesondere aus der Zivilgesellschaft" genannt,
die man darin unterstützen müsse, die Grundlagen für langfristige
gesellschaftliche Weiterentwicklung zu legen" (Bundesregierung
2017, S. 53). Zur Zivilgesellschaft werden neben NGOs und deren
Netzwerken, Forschungsinstituten, Stiftungen, Kirchen und Religionsgemeinschaften erstaunlicherweise auch Wirtschaftsakteure
gerechnet. Ein Hinweis auf den „nationalen Aktionsplan Wirtschaft
und Menschenrechte", der Unternehmen anhalten soll, durch ihre
Geschäftsbeziehungen keine negativen Wirkungen für die Menschenrechte zu begünstigen, rundet die Ausführungen dazu ab.

Aus den einzelnen Kapiteln, die Leitbild, Ziele, Strukturen und
Instrumenten der deutschen Politik behandeln, wird am Ende
eine Reihe von „Selbstverpflichtungen" (Bundesregierung 2017,
S. 150ff.) abgeleitet. Beispielsweise verpflichtet sich die Regierung,
ihre Fähigkeiten im Bereich der Mediation weiter auszubauen und
sich stärker an Mediationsprozessen (im Rahmen der Vereinten Na-

tionen oder anderer internationaler Organisationen) zu beteiligen. Zudem verpflichtet sie sich zur intensiveren Zusammenarbeit mit nichtstaatlichen Akteuren im Bereich der Friedensförderung (zum Beispiel im Rahmen der schon existierenden Arbeitsgemeinschaft Frieden und Entwicklung), zur Etablierung von „Lernplattformen" für den Austausch und zur Stärkung des Beirats „Zivile Krisenprävention". Gleichzeitig sollen im Bereich der Rechtsstaatsförderung und Sicherheitssektorreform neue Strategien entwickelt und besondere Akzente gesetzt werden. In diesen Politikbereichen will die Bundesregierung sich vor allem für die Umsetzung der Ziele der UN-Resolution 1325 und ihrer Nachfolgeresolutionen zu Frauen, Frieden und Sicherheit einsetzen. Dabei geht es um die systematische Einbeziehung der Geschlechterperspektive in außen- und sicherheitspolitische Strategien und um die Stärkung von Frauen als Akteurinnen in Friedenprozessen.

Zusammenfassend betrachtet lässt das Leitlinienpapier gute Ansätze erkennen, offenbart aber auch Ungereimtheiten und Defizite. Wenn man die Ausführungen zu den ethischen Grundlagen genauer betrachtet, so lassen sich einige Begründungen mit EKD-Positionen übereinbringen. Auch die Bundesregierung gibt an, ihr Handeln an Nachhaltigkeit, menschlicher Sicherheit, Recht und Gerechtigkeit zu orientieren und stellt Frieden in einen umfassenderen Kontext, in dem Menschen sich nicht nur frei von Gewaltkonflikten bewegen, sondern auch mit Würde und gerechten Lebenschancen ausgestattet werden sollen. Gleichwohl sucht man ein klares und ausdrückliches Bekenntnis, die Politik an der Solidarität mit den Schwachen und Benachteiligten auszurichten, dann doch vergebens. Gerechtigkeit ist keine bestimmende Kategorie und wird nicht in überzeugender Form in den Katalog der Selbstverpflichtungen überführt.

Zudem jonglieren die Leitlinien zwischen ethischen Prinzipien und interessengeleiteten Begründungen und versuchen, die friedenspolitische Verantwortung und eine interessengeleitete Sicherheitsagenda gleichermaßen abzubilden (vgl. u. a. Bundesregierung 2017, S. 48f.). Zwar ist in der Einleitung der Leitlinien von ursachenorientierter Politik die Rede, gleichwohl wird nicht überzeugend ausbuchstabiert, was das bedeutet. Gleiches gilt für das *Do-No-Harm*-Prinzip, das wiederholt erwähnt, aber nicht näher operationalisiert wird. Um dafür Glaubwürdigkeit zu beanspruchen, müssten auch die eigenen Anteile und Beiträge Deutschlands zu Strukturen des Unfriedens und der Zerstörung von Lebensgrundlagen thematisiert werden. Der Text nimmt Bezug auf die Menschenwürde, wie sie auch von der Entwicklungszusammenarbeit und der Menschenrechtsarbeit geteilt werden, aber man findet keine tiefergehende Reflexion der eigenen Politik und keine klaren Aussagen dazu, welche konkreten Beiträge Deutschland leisten könnte, um die eigenen Anteile am Unfrieden abzubauen. In der Analyse der globalen Konfliktpotenziale wird der Klimawandel im ersten Kapitel des Leitlinienpapiers sehr prominent genannt, jedoch sucht man vergeblich nach einer Selbstverpflichtung dazu, wie die Bundesregierung zur Erfüllung der Klimaziele beitragen wird. Weiterhin ist in den Leitlinien die Selbstverpflichtung enthalten, dass sich die Bundesregierung für Rüstungskontrolle und Abrüstung auf globaler Ebene und für eine verbesserte Kleinwaffenkontrolle einsetzen wird (vgl. Bundesregierung 2017, S. 148), Ein klares und unmissverständliches Bekenntnis zu einer wirklich restriktiven Rüstungsexportpolitik sucht man wiederum vergebens. Dafür müsste die Bundesregierung ein Rüstungsexportkontrollgesetz voranbringen, wie es von NGOs und kirchlichen Netzwerken wie der Gemeinsamen Konferenz Kirche und Entwicklung (GKKE) seit langem vorgeschlagen wird.

Bei der Betonung der Zusammenarbeit mit zivilgesellschaftlichen Akteuren hätte man sich eine klarere Ausrichtung auf die Expertinnen und Experten im Globalen Süden gewünscht, von denen die Politik hierzulande sehr viel lernen könnte, wenn sie diese denn regelmäßig anhören und zu Wort kommen lassen würde. Auch finden sich in den Leitlinien nur wenig Hinweise auf den globalen Trend der „eingeschränkten Räume" für die Zivilgesellschaft (infolge von Kriminalisierung, Einschüchterung und behördlicher Reglementierung) und kaum Aussagen dazu, wie man diese erweitern könnte. Und last but not least: Die Leitlinien hätten den Vorrang und Vorteil der zivilen Ansätze für Prävention und Friedensförderung gegenüber den militärischen Instrumenten viel deutlicher betonen und dafür positive Beispiele liefern können. Dagegen hat man den Eindruck, dass die Verfasserinnen und Verfasser der Leitlinien, wenn sie zivile Präventionsinstrumente erwähnen, diese Passagen sofort mit Ausführungen zu den Fähigkeiten der Streitkräfte ergänzen. Hier war der frühere Aktionsplan (Bundesregierung 2004) klarer, der nicht nur vom Primat der Politik, sondern auch von einem vorrangigen Ausbau einer Infrastruktur für zivile Krisenprävention sprach.

2.2   Schritte zur Operationalisierung: ressortgemeinsame Strategien

Auf der Basis der Leitlinien und der Anregungen von Beiträgen aus dem PeaceLab-Prozess haben 2018 und 2019 Mitarbeiterinnen und Mitarbeiter des Auswärtigen Amts, des Bundesministeriums für wirtschaftliche Zusammenarbeit sowie der Ministerien für Verteidigung, Inneres und Justiz „ressortgemeinsame Strategien" in den Themenfeldern Vergangenheitsarbeit/*Transitional Justice*, Sicherheitssektorreform und Rechtsstaatlichkeit erarbeitet. Die Redaktionsverantwortlichen luden die Autorinnen und Autoren der PeaceLab-Beiträge im Frühjahr 2019 dazu ein, in Workshops vorläufige Ergebnisse zu diskutieren. Im Herbst wurden die Strategien fertiggestellt und bei einer Tagung des Beirats „Zivile Krisenprävention" am 25. September 2019 der Fachöffentlichkeit vorgestellt.[3]

Bei der *Strategie für Vergangenheitsarbeit* geht es um ein abgestimmtes Handeln der Regierung in der Unterstützung von Prozessen zur Aufarbeitung von gewaltsamer Vergangenheit und Menschenrechtsverletzungen sowie mit dem Blick auf Versöhnung zwischen und innerhalb von kriegsbetroffenen Gesellschaften, was die Rückkehr und Reintegration von Vertriebenen und Flüchtlingen und den gesellschaftlichen Wiederaufbau einschließt. Die Strategie orientiert sich an Prinzipien, die nach den Kriegen im ehemaligen Jugoslawien und in Ruanda im UN-Kontext 1997 von dem französischen Diplomaten Louis Joinet erarbeitet und später von der Juristin Diane Orentlicher weiterentwickelt wurden (Joinet/ Orentlicher-Prinzipien). Sie umfassen (1) das Recht auf Wahrheit (*Right to Know*), (2) das Recht auf Gerechtigkeit (*Right to Justice*), (3) das Recht auf Wiedergutmachung (*Right to Reparation*) und (4) Garantien der Nicht-Wiederholung (*Guarantees of Non-Recurrance*). In der Vorstellung der Ziele stützt sich die Strategie explizit auf eine Klassifizierung der Schweizerischen Friedensstiftung. Diese Prinzipien gründen sich auf die Idee des Zusammenwirkens unterschiedlicher Akteure justizbasierter Ansätze (Strafverfolgung und Entschädigungen) sowie nicht-justizbasierter Instrumente (Faktenermittlung, historische und gesellschaftliche Aufarbeitung in den Bereichen Bildung und Kultur). In diese Strategie sind eine Reihe von Diskussionsergebnissen aus Veranstaltungen und Publikationen des Peace-Lab-Prozesses eingeflossen. Das betrifft zum Beispiel die Erkenntnis:

---

3 Vgl. https://www.auswaertiges-amt.de/de/aussenpolitik/themen/krisenpraevention/ressortstrategien/2247700. Zugegriffen: 4. Oktober 2019.

- dass Prozesse der Aufarbeitung, da sie die Identität und Gruppen tief berühren, immer auch neue Konfliktpotenziale bergen;
- dass das Verständnis von Gerechtigkeit, Wahrheit, Schuld, Verantwortung und Versöhnung in unterschiedlichen Kontexten völlig verschieden ausfällt und dass sich oft extrem widersprüchliche „Wahrheiten" gegenüberstehen;
- dass einfache Opfer-Täter-Schemata der Realität von Gewaltkonflikten oft nicht gerecht werden;
- dass Prozesse der Aufarbeitung auf zivilgesellschaftliches Engagement angewiesen sind, aber oft durch eingeschränkte Räume für Zivilgesellschaft erschwert werden, ebenso wie durch Gewaltökonomien, die Versöhnungsbemühungen unterlaufen, weil sie vom Fortgang der Spannungen und Konfrontation profitieren, und
- dass *Transitional Justice*-Maßnahmen konflikt-, trauma- und gendersensibel gestaltet werden müssen.

Bei den Zielen und Handlungsfeldern wird ausdrücklich auf die Verbindung mit der „Präventionsagenda" hingewiesen. Schließlich sind Menschenrechtsverletzungen und die Unterdrückung oder gewaltsame Ausgrenzung von Minderheiten oftmals relevante Konfliktfaktoren, die in gewaltsamen Auseinandersetzungen enden. Diese gilt es also möglichst frühzeitig, schon bei ersten Anzeichen, zu bearbeiten und zu verhindern. Weiterhin legt die Strategie ein starkes Augenmerk auf Maßnahmen zur Förderung der Gleichberechtigung der Geschlechter und von Frauenrechten sowie zur Beendigung sexualisierter und geschlechtsspezifischer Gewalt. Das reicht von der Stärkung der Rolle von Frauen in Friedensprozessen über die Sensibilisierung für die Bedeutung von Geschlechterrollen und die Sensibilisierung des Personals in staatlichen Verwaltungen im Umgang mit Menschen, die geschlechtsspezifische Gewalt erlitten haben, bis hin zu psychosozialen

Unterstützungsmaßnahmen. Last but not least verpflichtet sich die Bundesregierung zur Beachtung internationaler Standards, zu selbstreflexivem Vorgehen sowie zur Förderung von Lern- und Austauschformaten mit der Zivilgesellschaft, der Wissenschaft und internationalen Expertinnen und Experten, um *Transitional Justice*-Maßnahmen weiterzuentwickeln.

Auch in die *Strategie zur Unterstützung der Sicherheitssektorreform* sind Anregungen aus der Zivilgesellschaft eingeflossen. Diese Strategie soll dazu beitragen, dass Polizei und Streitkräfte einer zivilen Aufsicht unterstellt und in funktionsfähige und legitime politische Strukturen eingebettet werden. Hier geht es um die Mitwirkung an Missionen, die von den Vereinten Nationen, der EU, OSZE, NATO oder der Afrikanischen Union durchgeführt werden. Sie sollen den Schutz benachteiligter und verwundbarer Bevölkerungsgruppen gewährleisten und Regierungen in die Lage versetzen, ihrer Schutzverantwortung für die Bürgerinnen und Bürger nachzukommen. Sie sollen nach dem Willen der Bundesregierung vor allem im Einklang mit der UN-Resolution 1325 zu Frauen, Frieden und Sicherheit erfolgen. Zu den wichtigsten Handlungsprinzipien zählen in der Strategie:

- „local ownership", also die Planung in Eigenverantwortung des Partnerlandes bei gleichzeitiger Einbindung der lokalen Zivilgesellschaft;
- die Konfliktsensibilität im Sinne der Vermeidung unerwünschter Nebenwirkungen (wenn zum Beispiel die Ausrüstung in falsche Hände fällt, Gewaltkonflikte begünstigt oder gegen die Bevölkerung eingesetzt wird, oder wenn korrupte Akteure gestärkt werden) sowie
- die politische Einbettung von Sicherheitssektorreform-Maßnahmen.

Alle diese Punkte waren nachdrücklich von zivilgesellschaftlichen
Akteuren angemahnt worden. Diese hatten zum Beispiel rückbli-
ckend auf die bisherigen sogenannten deutschen und europäischen
„Ertüchtigungsmaßnahmen" in den afrikanischen Ländern eine
Reihe von nicht hinnehmbaren negativen Wirkungen, darunter
Menschenrechtsverletzungen von EU-trainierten Streitkräften und
Milizen gegenüber der Zivilbevölkerung und Migrantinnen und
Migranten, moniert (vgl. u. a. Fischer 2019) und eine Änderung der
bisherigen Praxis (zum Beispiel eine größere Vorsicht bei der Aus-
wahl von Partnern und fundierte Analysen der Vorbedingungen)
angemahnt (vgl. Fischer 2018; Schroeder 2018). Die Verfasserinnen
und Verfasser stellen auch eine enge Verbindung zur Strategie
für Rechtsstaatsförderung her, indem sie ein „konfliktsensibles
Monitoring" von Sicherheitssektorreform-Maßnahmen anregen,
das aus der Perspektive unterschiedlicher Ressorts erfolgen soll.

Die *Strategie zur Rechtsstaatsförderung* betont ebenfalls die Prinzipien Konfliktsensibilität, *Local Ownership* und *Do-No-Harm* und
konstatiert zudem die Notwendigkeit für langfristiges Engagement
in Krisenregionen und fragilen Staaten. Gleichzeitig fokussiert
sie auf die Zusammenarbeit mit staatlichen und nichtstaatlichen
Akteuren im Aufbau sogenannter informeller Justizsysteme (Dorf-,
Stammes- oder Ältestenräte, Häuptlinge oder indigene Formen
des Gerichtswesens), die allerdings wiederum gendersensibel
gestaltet werden müssen. Auch hier wird angeregt, Maßnahmen
ressortgemeinsam zu gestalten, um der spezifischen Ausprägung
von Rechtsordnungen in unterschiedlichen Kontexten Rechnung zu
tragen und die Maßnahmen gemeinsam auszuwerten. Sollten diese
Versprechen eingelöst werden, wäre das ein enormer Fortschritt,
denn bislang oblagen Evaluierungen allein den durchführenden
Ressorts.

Insgesamt lässt sich mit Blick auf die schriftlichen Ergebnisse
feststellen, dass die Einbeziehung von Zivilgesellschaft, Thinktanks

und wissenschaftlichen Einrichtungen in den Peacelab 2016- und PeaceLab 2018-Prozessen zur Qualifizierung der Debatte beigetragen und gemeinsames Lernen ermöglicht hat. Anregungen aus der Zivilgesellschaft finden sich nicht nur im Leitlinienpapier, sondern auch in den nachfolgend erarbeiteten Strategien wieder. Es zeigte sich, dass eine Reihe der beteiligten Ministerialbeamtinnen und -beamten an der inhaltlichen Kooperation mit zivilgesellschaftlichen Akteuren und der Verbesserung der außen- und sicherheitspolitischen Praxis interessiert ist. Dass es eine Strategie zu *Transitional Justice*/Vergangenheitsarbeit gibt, ist als Erfolg des Engagements der Zivilgesellschaft zu werten und vor allem dem Team der Arbeitsgemeinschaft Frieden und Entwicklung (FriEnt) und einiger Mitgliedsorganisationen zu verdanken, die dafür wichtige inhaltliche Impulse geliefert haben. Auch die starke Betonung von genderspezifischen Analysen und die Einbindung von Frauen bei der Stärkung des staatlichen Gewaltmonopols tragen zivilgesellschaftlichen Forderungen Rechnung.

Die Konzentration auf Strategien der Sicherheitssektorreform und zur Förderung der Rechtsstaatlichkeit ist nachvollziehbar, wenn man in Rechnung stellt, dass die neuen Leitlinien nicht nur den Aktionsplan von 2004, sondern auch die ressortübergreifenden „Leitlinien Fragile Staatlichkeit" von 2012 ersetzen beziehungsweise integrieren sollen (vgl. Bundesregierung 2012). Friedensaktivistinnen und -aktivisten aus dem Globalen Süden, die sich über den Leitlinienprozess in Deutschland informieren, fragen jedoch mit Recht, ob die Operationalisierung mit den drei Strategien abgeschlossen sein wird oder ob die Ausarbeitung weiterer Strategiepapiere beabsichtigt ist.[4] Schließlich verpflichtet

---

4   So zum Beispiel in einer Diskussion beim „Global Peacebuilder Summit", der vom 6.-10. September 2019 von der *Culture Counts Foundation* in Paretz bei Berlin veranstaltet wurde. Die Teilnehmerinnen und Teilnehmer diskutierten ihre Ideen auch am 19.September 2019

sich die Bundesregierung in ihren Leitlinien auch zur Stärkung der Zivilgesellschaft und zu einer intensiveren Zusammenarbeit mit gesellschaftlichen Akteuren (vgl. Bundesregierung 2017, S. 152). Dann könnte sie auch eine Strategie auflegen, die die weltweit immer enger werdenden Räume für zivilgesellschaftliches Friedenshandeln (*Skrinking Spaces*) thematisiert und Politikschritte aufzeigt, mit denen deutsche Politik dem wirksam begegnen kann.

3   Herausforderungen für eine glaubwürdige Umsetzung der Leitlinien

3.1   Weniger Geld für Waffen – mehr für zivile Konfliktbearbeitung und Friedensforschung ausgeben

Einige Bundesministerien haben sich in den vergangenen Jahren zunehmend um einen staatlich-zivilgesellschaftlichen Austausch bemüht und den Ausbau von Kooperationen und Institutionen ziviler Konfliktbearbeitung ermöglicht. Diese erhielten in den vergangenen Jahren sukzessive mehr Haushaltsmittel und konnten sich professionalisieren. Die Zuwendungen aus dem Bundeshaushalt stiegen von 2016 bis 2019 für das Zentrum für internationale Friedenseinätze von 10 auf 15 Millionen Euro jährlich und für den Zivilen Friedensdienst von 42 auf 55 Millionen Euro. Insgesamt wurden nach Berechnungen des Bundes für Soziale Verteidigung (2019) in diesem Zeitraum die Investitionen in Maßnahmen ziviler Konfliktbearbeitung von 3 auf 5,2 Milliarden Euro gesteigert. Auch die humanitäre Hilfe konnte im Laufe der Jahre substanzielle

---

mit dem Unterausschuss „Zivile Krisenprävention" im Deutschen Bundestag.

Erhöhungen verzeichnen. Dies war einer Reihe von Abgeordneten zu verdanken, die für diese Summen nachdrücklich im deutschen Bundestag gekämpft haben.

Eine Einrichtung allerdings hat von den Steigerungen so gut wie gar nicht profitiert: die Deutsche Stiftung Friedensforschung. Sie wurde bei der Gründung zur Jahrtausendwende mit einem viel zu geringen Betrag (25 Millionen Euro) ausgestattet und konnte seither kaum nennenswerte Zuwächse erwirken. Damit blieb sie hoffnungslos unterkapitalisiert und leidet unter schwindenden Erträgen. Sofern der Deutsche Bundestag und die Regierung nicht alsbald für eine deutliche Aufstockung sorgen, wird die Deutsche Stiftung Friedensforschung in den kommenden Jahren nach und nach ihr Kapital verzehren müssen, um wenigstens für einen begrenzten Zeitraum noch in relevantem Umfang wissenschaftliche Forschung zu den Themen Konflikt, Krieg und Frieden fördern zu können. Wenn das in den Leitlinien fixierte Bekenntnis zur „ursachenbetonten Politik" glaubwürdig erscheinen soll, muss die Finanzierung der Friedens- und Konfliktforschung vom Bund dringend auf solide Füße gestellt werden. Dafür hat sich kürzlich auch das höchste deutsche Forschungsgremium, der Wissenschaftsrat, ausgesprochen.[5] Fundierte wissenschaftliche Erkenntnisse bilden die Grundlage einer Außenpolitik, die ursachenorientiert und den regionalen Bedingungen entsprechend gestaltet wird. Nur dann, wenn man die Ursachen von Krieg und Gewalt und die Bedingungen des Friedens systematisch untersucht, lassen sich solide Gegenstrategien entwickeln. Die Bundesregierung selbst stellt in ihren Leitlinien ausdrücklich fest, dass es für Krisenprävention,

---

5   Das Gutachten bescheinigt der Deutschen Stiftung Friedensforschung solide und wichtige Fördertätigkeit und fordert den Bund auf, das Kapital so aufzustocken, dass sie Fördermittel in Höhe von mindestens 1 Million Euro pro Jahr für wissenschaftliche Studien und Transferleistungen bereitstellen kann (vgl. Wissenschaftsrat 2019).

Konfliktbewältigung und Friedensförderung „keine Standardlösun-
gen" gebe, „daher müssen spezifische Konflikt- und Kontextanaly-
sen unser Handeln leiten" (Bundesregierung 2017, S. 52). Jetzt gilt
es, dieses umzusetzen und die Friedens- und Konfliktforschung
angemessen auszustatten.

Auch im Bereich der internationalen Polizeimissionen, für deren
Unterstützung die Bundesregierung im Rahmen der EU, OSZE
und UNO verpflichtet ist, besteht Nachholbedarf. Hier waren die
Ausgaben über Jahre hinweg rückläufig, nicht zuletzt, weil sich
die Personalrekrutierung aus den Länderpolizeien als schwierig
erweist und auf Bundesebene keine Potenziale zur Verfügung
gestellt wurden.

So erfreulich die Ausgabensteigerungen für zivile Konfliktbearbeitung erscheinen, so fragwürdig gestaltet sich die deutsche Politik
für die Ausgabenplanung im Hinblick auf das Militär. Schon in den
vergangenen Jahren wurde der Verteidigungshaushalt erhöht. Bis
2025 sollen nach dem Willen der Kanzlerin und Verteidigungsmi-
nisterin Ausgaben in Höhe von 1,5 Prozent des Bruttoinlandspro-
dukts (BIP) erreicht werden, langfristig sind gemäß NATO-Planung
2 Prozent anvisiert (2019 wurden mit 44,9 Milliarden Euro 1,37
Prozent des BIP erreicht). Aus den Mittelsteigerungen sollen vor
allem neue Waffen- und Transportsysteme finanziert werden. Im
Koalitionsvertrag hatten die regierenden Parteien vereinbart, die
Kosten für die Entwicklungszusammenarbeit im gleichen Ausmaß
wie für die Verteidigung zu steigern, was zu einer Erhöhung des
BMZ-Etats von 7,8 auf 10 Milliarden Euro führte. Angesichts
dessen fragt der Bund für Soziale Verteidigung:

> „Aber welch verquere Logik ist es, Militär und Rüstung gegen EZ
> [Entwicklungszusammenarbeit, Anm. d. Verf.] aufzurechnen?
> Sollen sich die EZ-Organisationen über mehr Geld freuen, wenn
> gleichzeitig eines der großen Entwicklungshemmnisse, nämlich
> die weltweite Rüstung, befeuert wird? Fraglich ist auch, ob es für

zivilgesellschaftliche EZ-Organisationen überhaupt mehr Geld gibt oder ob die Mehreinnahmen nicht allein in die staatliche Zusammenarbeit fließen" (BSV 2019, S. 4).

Die zentrale Forderung des Bundes für Soziale Verteidigung (2019, S. 4) lautet daher: „[s]tatt der Steigerung eine deutliche Kürzung des Verteidigungshaushalts und gleichzeitig deutlich mehr Mittel für zivile Krisenprävention".

3.2 Politik kohärent gestalten und alle Ressorts auf Gewaltprävention verpflichten

Wie in diesem Beitrag aufgezeigt wurde enthält das friedenspolitische Leitbild der Bundesregierung neben diversen Defiziten und Ungereimtheiten auch Elemente, die sich mit christlicher Friedensethik übereinbringen lassen und mit denen sich Akteure der Friedens- und Entwicklungszusammenarbeit identifizieren können. An diesem Leitbild muss sich deutsche Politik im internationalen Kontext in den nächsten Jahren messen lassen. Eine wirkliche Bewertung des Nutzens wird sich in der Umsetzung zeigen. Erst in der Praxis wird sich erweisen, inwieweit das Handeln der Bundesrepublik zwischen den Ressorts umfassender abgestimmt werden kann. In einem Mangel an Kohärenz lag das Hauptdefizit der bisherigen Regierungspolitik, an dem auch die Existenz eines „Aktionsplans" über Jahre hinweg leider wenig änderte. Auch bei der Abfassung der „Leitlinien" wurden Machtkämpfe zwischen den Ressorts spürbar und verzögerten die Veröffentlichung im Sommer 2017.

An der Entwicklung der „ressortgemeinsamen Strategien" waren neben dem Auswärtigen Amt und dem Bundesministerium für wirtschaftliche Zusammenarbeit auch die Ministerien für Verteidigung, Inneres und Justiz beteiligt, also mehr Ressorts als je

zuvor. Aber reicht dies aus? – Um eine kohärente krisenpräventive
Politik zu gestalten, müssen alle Ressorts eingebunden werden. Nur
so kann verhindert werden, dass eine friedensfördernde Außen-,
Entwicklungs- oder Kulturpolitik durch Versäumnisse oder Fehl-
entwicklungen in anderen Ressorts unterlaufen oder konterkariert
wird. Es geht dabei nicht nur um Absprachen zwischen einigen
wenigen Schlüsselressorts, sondern auch um eine faire Handels-,
Agrar-, Wirtschafts-, Finanz-, Umwelt- und Klimapolitik.

Nach mehr als zwanzig Jahren Diskussion um zivile Konfliktbearbeitung und einschlägigen Erfahrungen in diesem Bereich dürfen
die zivilen Instrumente nicht länger auf eine Art Werkzeugkiste
reduziert werden, die bei Bedarf hervorgeholt wird. Die Bundesregierung selbst wertet die neuen Leitlinien als Markierung einer
„neuen Phase deutscher Friedenspolitik" (Bundesregierung 2017,
S. 15). Um dieses Versprechen einzulösen und ernst zu machen
mit der angekündigten ursachenorientierten Herangehensweise,
muss sie konsequent auf die Anteile schauen, die Deutschland am
Unfrieden und der Zerstörung von Lebensverhältnissen zu ver-
antworten hat. Das erfordert alles zu vermeiden, was die Umwelt
schädigt, Lebensgrundlagen zerstört, Menschenrechtsverletzungen oder Gewaltkonflikte begünstigt. Das beinhaltet ferner, die
Rechte von Migrantinnen und Migranten zu respektieren, den
eigenen CO_2-Ausstoß zu verringern und ein Lieferkettengesetz zu
verabschieden, das Unternehmen zu menschenrechtlicher Sorgfalt
verpflichtet. Zudem muss die Rüstungsexportpolitik so restriktiv
gestaltet werden, dass ausgeschlossen wird, dass deutsche Waffen
in Krisengebieten Verbreitung finden oder Regime stützen, welche
Menschenrechte missachten. Hier Kohärenz anzumahnen und auf
die konfliktverschärfenden Wirkungen von Rüstungsexporten
und die Rolle Deutschlands als Exportweltmeister hinzuweisen
wäre eine Aufgabe für den zivilgesellschaftlichen Beirat „Zivile
Krisenprävention", der die Bundesregierung bei der Umsetzung

der Leitlinien beraten soll. Auch die Mitglieder des Deutschen Bundestages sind in der Pflicht: Sie müssten sich endlich für ein Rüstungsexportkontrollgesetz engagieren, um zu verhindern, dass deutsche Waffen Kriege und Bürgerkriege anheizen.

Für das *Monitoring* der Umsetzung der Leitlinien kommt auch dem Unterausschuss „Zivile Krisenprävention und vernetztes Handeln" im Bundestag eine zentrale Bedeutung zu. Er bildet ein Scharnier zwischen Politik und Expertinnen und Experten aus der Regierung und lädt regelmäßig Menschen aus der Zivilgesellschaft in seine Sitzungen ein. Er kann Abgeordnete des Deutschen Bundestags kontinuierlich für die Themen Krisenprävention, zivile Konfliktbearbeitung und Friedensförderung sensibilisieren und daran mitwirken, den politischen Diskurs zu qualifizieren. Darüber hinaus kann er durch parlamentarische Anfragen mithelfen zu überprüfen, inwieweit die politische Praxis den Leitlinien gerecht wird.

Aber auch die NGOs aus der Plattform Zivile Konfliktbearbeitung, den entwicklungspolitischen Netzwerken (VENRO) und der Menschenrechtsarbeit müssen die Umsetzung der Leitlinien kritisch begleiten. Das gilt auch für die Kirchen und kirchlichen Hilfsorganisationen und Netzwerke. Sie alle müssen auf Kohärenz insistieren, weil sich nur so ein Beitrag zu einem gerechten Frieden bewerkstelligen lässt. Im aktuellen Kontext, in dem Sicherheit wieder vorrangig militärisch verstanden wird und Ansätze der zivilen Krisenprävention und Friedensförderung Gefahr laufen, an den Rand gedrängt oder als Alibi missverstanden zu werden, müssen die Kirchen gegensteuern und der Versicherheitlichung von Diskursen entgegenwirken. Das gilt auch, wenn etwa Migration als Sicherheitsbedrohung dargestellt wird und Migrantinnen und Migranten mit gewaltbereiten Akteuren pauschal auf eine Stufe gestellt werden.

Eine weitere zentrale Herausforderung besteht darin, staatliche Akteure davon zu überzeugen, dass sie nicht nur die Kooperation mit deutschen und internationalen zivilgesellschaftlichen Organisationen ausbauen, sondern auch Strategien für die Stärkung von Friedens- und Menschenrechtsakteuren im Globalen Süden entwickeln. Deren Sichtweisen und fachliche Expertise müssen Eingang in hiesige Analysen und Veranstaltungen zur Information politischer Mandats- und Entscheidungsträgerinnen und -träger finden. Auch dabei können die Kirchen und kirchennahen Organisationen mit ihren weltweiten Partnernetzwerken umfassend unterstützen.

Literatur

Bund für Soziale Verteidigung (BSV). 2019. Informationsblätter des Bunds für Soziale Verteidigung, Abrüstung, Rüstungskontrolle und Zivile Konfliktbearbeitung in der deutschen Bundespolitik: Wieviel wird wofür ausgegeben? https://www.soziale-verteidigung.de/fileadmin/dokumente/infomaterialien/ZKB_Ausgaben_2016-2019_Web_ueberarbeitet_2019_web.pdf. Zugegriffen: 5. September 2019.

Bundesregierung. 2004. Aktionsplan „Zivile Krisenprävention, Konfliktlösung und Friedenskonsolidierung". https://www.auswaertiges-amt.de/blob/217534/34f381909cf90443fa3e91e951cda89d/aktionsplan-de-data.pdf. Zugegriffen: 5. September 2019.

Bundesregierung. 2012. Leitlinien der Bundesregierung für eine kohärente Politik gegenüber fragilen Staaten. https://www.bmz.de/de/zentrales_downloadarchiv/Presse/leitlinien_fragile_staaten.pdf. Zugegriffen: 5. September 2019.

Bundesregierung. 2017. Leitlinien der Bundesregierung „Krisen verhindern. Konflikte bewältigen, Frieden fördern". https://www.auswaertiges-amt.de/blob/1213498/d98437ca3ba49c0ec6a461570f56211f/krisen-verhindern-data.pdf. Zugegriffen: 5. September 2019.

Evangelische Kirche in Deutschland (EKD). 2007. Aus Gottes Frieden leben
– für gerechten Frieden sorgen, Gütersloh: Gütersloher Verlagshaus.

Fischer, Martina. 2018. Besser nicht ertüchtigen als falsche Freunde stärken. https://peacelab.blog/2018/05/besser-nicht-ertuechtigen-als-fal-
sche-freunde-staerken. Zugegriffen: 5. September 2019.

Fischer, Martina. 2019. Der liberale Frieden als Paradigma europäischer
Politik. Trägt die EU zu einer globalen Friedensordnung bei? In *Eu-
ropäische Friedensordnungen und Sicherheitsarchitekturen*, hrsg. von
Ines-Jacqueline Werkner und Martina Fischer, 43–68. Wiesbaden:
Springer VS.

Schroeder, Robin. 2019. Sicherheitssektorreform reformieren: Vier Empfehlungen für Mali. https://peacelab.blog/2018/05/sicherheitssektor-refor-
mieren-vier-empfehlungen-fuer-mali. Zugegriffen: 5. September 2019.

Wissenschaftsrat. 2019. Empfehlungen zur Weiterentwicklung der Frie-
dens- und Konfliktforschung. https://www.wissenschaftsrat.de/down-
load/2019/7827-19.pdf?__blob=publicationFile&v=7. Zugegriffen: 5.
September 2019.

Aktuelle Herausforderungen und die Rolle religiöser Akteure in der zivilen Konfliktbearbeitung

Eine Synthese

Heinz-Günther Stobbe

1 Zivile Konfliktbearbeitung als Praxis der Konfliktforschung

In einem Aufsatz über „Friedens- und Konfliktforschung heute"
aus dem Jahr 1973 bezeichnete der Politikwissenschaftler Hans-
Adolf Jacobson es zum einen als „zweifellos" eine „ihrer wichtigsten
Aufgaben, [...] Ursachen und Anlässen internationaler Konflikte
nachzuspüren", mahnte aber gleichzeitig zur „Bescheidenheit in der
Aussage über die Ursprünge des Unfriedens". Zum anderen forderte
er, nach der Diagnose müsse sich die Forschung „in verstärktem
Umfang der Therapie zuwenden", um sogleich zu betonen: „Hier
werden die Probleme noch schwieriger" (Jacobsen 1979, S. 218).[1]
Die vorliegenden Beiträge widmen sich verschiedenen Aspekten
dieser therapeutischen Dimension friedensorientierter Forschung
und Praxis. Deren Platz am Ende des Konsultationsprozesses

---

1   Jacoben, Hans-Adolf. 1979. *Von der Strategie der Gewalt zur Politik
    der Friedenssicherung. Beiträge zur deutschen Geschichte im 20. Jahr-
    hundert*. 2. Aufl. Düsseldorf: Droste.

„Orientierungswissen zum gerechten Frieden" entspricht dem Gefälle einer Forschungsrichtung, die noch weniger als andere Wissenschaftszweige Erkenntnis um der Erkenntnis willen anstrebt, sondern helfen will, unsere Welt friedlicher zu machen, indem sie Politik zu beeinflussen sucht. Nicht von ungefähr stand daher auch das Thema der zivilen Konfliktbearbeitung im Zentrum der Beiträge und Diskussionen. Denn das Ziel allen politischen Bemühens um Frieden besteht nicht darin, Konflikte zu vermeiden, sondern Konflikte zu zivilisieren, also Gewaltanwendung als Mittel der Konfliktlösung zu verhindern beziehungsweise zu mindern.

2   Verständnis ziviler Konfliktbearbeitung

Was genau jedoch bedeutet zivile Konfliktbearbeitung? Den Begriff ganz trennscharf zu definieren fällt offenbar nicht ganz leicht, aber zwei Abgrenzungen engen den Bedeutungsspielraum doch erheblich ein: Zum einen geht es um Formen der Konfliktbearbeitung, an denen ausschließlich oder wenigstens vorrangig zivilgesellschaftliche, sprich: nichtstaatliche Akteure beteiligt sind; zum anderen handelt es sich um solche ohne direkte Beteiligung militärischer Akteure. Die stark eingeschränkte oder gar ausgeklammerte Rolle des Militärs ergibt sich aus der normativen Vorgabe ziviler Konfliktbearbeitung, nämlich auf die Anwendung beziehungsweise Ausübung von Gewalt im Konfliktgeschehen zu verzichten. Zivile Konfliktbearbeitung ist, vereinfacht gesagt, waffenlose Konfliktbearbeitung. Ein solcher Gewaltverzicht gilt in Teilen der öffentlichen Meinung noch immer als naiv und realitätsfern, während politische Institutionen und sogar das Militär im Prinzip längst den hohen Stellenwert ziviler Konfliktbearbeitung in der politischen Wirklichkeit im Prinzip anerkennen, ohne allerdings dieser Einsicht durch ausreichende Finanzierungshilfe Rechnung zu tragen. In den verschiedenen Beiträgen kommt diese Realitätsnähe in mehrfacher Hinsicht zum Ausdruck. Zunächst gehen sie durchweg von der nüchternen Anerkennung der Existenz von Konflikten und ihrer Unvermeidbarkeit aus. Friedensarbeit zielt nicht darauf ab, konfliktfreie politische oder gesellschaftliche Verhältnisse zu schaffen und folglich zum Zweck einer vollkommenen Harmonie Konflikte um jeden Preis zu vermeiden, sie strebt vielmehr an, den Modus der Konfliktaustragung zu zivilisieren, das heißt: (militärische) Gewalt während des Konfliktverlaufs zu vermeiden, zu beenden oder zumindest zu vermindern. Daher entwerfen die Beiträge kein Idealbild der zivilen Konfliktbearbeitung, sie nähern sich dem Thema vielmehr analytisch und reflexiv, indem sie zu verstehen suchen, unter welchen Voraussetzungen und Bedingungen zivile Konfliktbearbeitung möglich ist und gelingen kann, zugleich aber immer wieder mitbedenken, welche Grenzen ihr gesetzt sind.

3   Gewalt und Gewaltverzicht in der Bibel

Die bewusste Zurückhaltung gegenüber jedem normativen Überschwang zeigt sich eindrucksvoll im ersten Beitrag über Gewalt und Gewaltverzicht im Alten Testament (Walter Dietrich). Dieser beschreibt in sehr dichter Form, wie beide Verhaltensmöglichkeiten in bestimmten Textgattungen gesehen und mit dem Gottesbild verknüpft werden. Das Ergebnis lässt sich nicht auf einen einfachen Nenner bringen, sondern zeigt ein insgesamt ambivalentes Bild, gekennzeichnet vor allem durch eine ziemlich illusionslose Sicht der Gewaltsamkeit menschlicher Beziehungen und in manchen Texten sogar der Gewalttätigkeit Gottes. Andere Texte hingegen schildern den Verzicht auf Gewalt als erfolgreiches Verhalten vorbildlicher Menschen, das auch Gott selbst praktiziert und sein eigentliches Wesen zum Ausdruck bringt. Zugleich veran-

schaulichen die einschlägigen biblischen Erzählungen bestimmte
menschliche Eigenschaften oder Haltungen, die gewaltfreies Handeln tragen, etwa Güte und Wohlwollen, Großmut, Barmherzigkeit
und Vergebungsbereitschaft, Geduld und Beharrlichkeit. Diese
notwendige tugendethische Seite der Gewaltfreiheit findet in
der Forschung kaum Beachtung. Notwendig ist sie deshalb, weil
eine Konflikttransformation, die Gewalt auf Dauer ausschließt,
unmöglich ist ohne den ehrlichen und entschiedenen Willen, den
Konflikt friedlich zu lösen. Ein erzwungener Friede kommt eher
einem befristeten Waffenstillstand gleich, der genutzt wird, den
nächsten Waffengang vorzubereiten. Das bedeutet in theoretischer
Hinsicht, den Begriff des Friedens im Sinne der Abwesenheit von
Krieg um weitere Komponenten zu ergänzen. In der Bibel steht
dafür der Begriff des Schalom, der ein umfassendes, ganzheitliches
Wohlsein als Grundmuster menschlicher Beziehungen meint; in
der Friedensforschung wurde – weltanschaulich zurückhaltender
– der Begriff des positiven Friedens, der auf soziale Gerechtigkeit
setzt, eingeführt.

Es ist die Linie des Gewaltverzichts, die, wie Walter Dietrich
in seinem Beitrag andeutet, im Neuen Testament aufgenommen
und ausgezogen wird. Diese Entscheidung war alles andere als
einfach, sondern fiel als Ergebnis der ersten fundamentalen Auseinandersetzung in der frühen Kirche, in der die grundsätzliche
Zuordnung von – vereinfachend ausgedrückt – jüdischem und
christlichem Glauben geklärt werden musste. Der christliche,
schließlich als häretisch verurteilte Theologe Marcion, der, vom
Schwarzmeer stammend, erstmals im Jahr 140 in der Gemeinde
von Rom auftauchte, vertrat den Standpunkt, der barmherzige und
liebende Gott Jesu könne nicht mit dem fordernden, zürnenden,
strafenden und rachsüchtigen, das heißt: extrem gewalttätigen
Gott des Judentums identisch sein. Er sonderte daher aus dem
jüdischen und christlichen Schrifttum alle Texte aus, die diese

Gottesvorstellung bezeugten, und stellte (als erster) einen „Kanon"
christlicher Schriften mit dem Lukas-Evangelium an dessen Spitze
auf. Der später verbindliche Kanon der Kirche, die christliche Bibel, vereinigte im Gegensatz dazu das Alte und Neue Testament,
doch auch die Gegner Marcions konnten das Gewicht des von ihm
aufgeworfenen Problems nicht leugnen. Es bedurfte komplizierter
hermeneutischer Überlegungen, um es zu lösen, ohne die jüdischen
Wurzeln des Christentums abzuschneiden.

4   Konflikte als Handeln in der Zeit

Die gewaltkritischen Texte der Bibel bezeugen die aus dem Glauben
inspirierte Überzeugung, der Verzicht auf Gewalt bedeute keineswegs passive Untätigkeit, sondern eine aktive Haltung, die darauf
angelegt ist, konfliktive und gewaltträchtige soziale Beziehungen zu
verändern und dadurch eine gewaltfreie Lösung anzubahnen. Etwas
abstrakter formuliert: Ein Konflikt wird demnach als Prozess verstanden, dessen Dynamik nicht von einer natur- oder schicksalhaf-
ten Logik, sondern durch menschliches Entscheiden und Handeln
bestimmt wird. Nur unter dieser keineswegs selbstverständlichen
Voraussetzung lässt sich zivile Konfliktbearbeitung als sinnvolles
Unterfangen betrachten, ansonsten könnte weder von Entscheiden
noch von Handeln gesprochen werden. Den Prozesscharakter von
Konflikten zu betonen hat zunächst zur Folge, deren zeitlichen
Dimension besondere Beachtung zu schenken. Diese bleibt in der
Forschung häufig unterbelichtet. Den Konfliktparteien selbst ist
ihre Relevanz meist sehr bewusst: Sie spielen auf Zeit oder fühlen
sich unter Zeitdruck, je nach ihrer jeweiligen Einschätzung der
Lage, und sie wissen, dass Entscheidungen zu früh, zu spät oder
rechtzeitig fallen können und sich jede übereilte oder zu zögerliche
Entscheidung bitter rächen kann. Das betrifft zivile Initiativen und

Interventionen ebenso wie militärische, wenngleich militärische
Fehlentscheidungen in der Regel schneller zutage treten und –
jedenfalls kurzfristig – mehr Opfer fordern.

5   Situationsbeurteilung und Parteilichkeit

Eine Lösung des Problems, den richtigen Zeitpunkt zum Handeln
zu wählen, erweist sich bei genauem Hinsehen aus einer Reihe
von Gründen als schwierig. Sie hängt unter anderem elementar
von der Lösung eines anderen Problems ab, nämlich dem der
Informationsbeschaffung und -auswertung durch die Akteure.
Unvermeidbar entscheiden und handeln die Konfliktparteien stets
auf der Grundlage einer bestimmten Sicht des Konflikts sowie
einer bestimmten Wahrnehmung und Beurteilung der jeweiligen
Konfliktlage, selbst dann, wenn der Konflikt selbst aus gegensätzlichen Interessen resultiert. Wie laufen Informationsbeschaffung
und Informationsauswertung jeweils ab? Wie fließen ihre Ergebnisse in die Entscheidungsprozesse der Akteure ein? Für die zivile
Konfliktbearbeitung verkompliziert sich das Informationsproblem
noch einmal, weil deren Akteure die vermutlich voneinander
abweichenden, vielleicht sogar gegensätzlichen Konfliktwahr-
nehmungen kennen und berücksichtigen, aber sich zugleich ein
eigenes unabhängiges Urteil bilden müssen. Denn sonst laufen
sie Gefahr, in den Konflikt hineingezogen zu werden. Ohnehin
verschärft sich im Zuge eines eskalierenden Konflikts der Druck,
Partei zu ergreifen – ein Schritt, der gefährlich sein kann, auf jeden
Fall aber die zivile Konfliktbearbeitung erheblich erschwert, wenn
nicht sogar zum Scheitern verurteilt. Strikte Unparteilichkeit der
Akteure ziviler Konfliktbearbeitung mag keine absolut zwingende
Bedingung sein, aber ihr enormes Gewicht ist nicht zu bestreiten
(vgl. dazu den Beitrag von Christine Schweitzer) und im Fall von

(diplomatischen) Vermittlungsbemühungen dürfte sie unverzichtbar sein. In gewisser Weise gilt das Prinzip der Unparteilichkeit auch für Polizei und Friedenstruppen ohne Kampfauftrag, deren Eingreifen jeden Anschein von Parteinahme vermeiden muss. Allerdings hängt die Interpretation von Absichtserklärungen und Handlungen schlussendlich von den Konfliktparteien ab. Der Einsatz für alle Opfer von Gewalt und Aktionen, um Gewalt einzudämmen, können von ihnen immer als Hilfe für ihre Gegner gedeutet und bewertet werden.

6 Konflikt als mehrdimensionaler Prozess verschiedener Akteure

Mit Rücksicht auf den Prozesscharakter von Konflikten drängt sich in analytischer und theoretischer Perspektive schließlich auch die Frage auf, ob Konflikte bis zu einem gewissen Grade typische Abläufe aufweisen und ob sich in verschiedenen Phasen unterschiedlich große Chancen für die zivile Konfliktbearbeitung bieten. Genau an diesem Punkt weichen die Auffassungen von ihren Befürworterinnen und Befürwortern und den Skeptikerinnen und Skeptikern voneinander ab: Die sogenannten Realisten halten in der Regel die zivile Konfliktbearbeitung für unmöglich, sobald im Konfliktverlauf die Schwelle zur Gewaltanwendung überschritten wird. Doch Gewalt und Gewaltfreiheit bilden insofern keine trennscharfe Alternative, als sich in der Realität sozialer oder politischer Konflikte die Konfliktparteien nur selten als geschlossene homogene Einheiten gegenübertreten. Stattdessen setzen sie sich meist aus einer Vielzahl von Akteuren zusammen, die sich durchaus unterschiedlich verhalten können und es tatsächlich oft tun. Zwar neigen Konfliktparteien immer dazu, nach innen den Konformitätsdruck zu erhöhen und vermittelnde oder versöhnende

Stimmen (als „Verräter") zu denunzieren, zu unterdrücken oder zum Schweigen zu bringen, je mehr sich der Konflikt zuspitzt. Doch in frühen Konfliktphasen besteht auf beiden Seiten noch eine wesentlich größere Chance, dem Konflikt zu zivilisieren. Mit anderen Worten: Zivile Konfliktbearbeitung hat ihren Ort zunächst einmal im Rahmen der Gewaltprävention. Aber das heißt keineswegs, sie als unmöglich oder aussichtslos zu erachten, falls es doch zu Gewaltanwendung kommt. Es ist wenig hilfreich, die begriffliche Alternative von Gewalt und Gewaltlosigkeit in die komplexe Wirklichkeit politischer und sozialer Konflikte zu übertragen. Da sie auf mehreren Ebenen ablaufen und verschiedene Akteure beteiligt sind, schließen sich gleichzeitige Kampfhandlungen und Friedensverhandlungen nicht zwangsläufig aus. Während sich die Gewalt in der Regel vor aller Augen abspielt, werden gewaltfreie Lösungen meist hinter den Kulissen und verschlossenen Türen organisiert. Es ist darum klug abzuwägen, welche Aktivitäten nach Öffentlichkeit verlangen und welche nach Diskretion.

7   Das Prinzip des optimalen Zusammenwirkens aller Kräfte

Starre Schemata beeinträchtigen also die Analysefähigkeit, während es umgekehrt darauf ankommt, die Handlungsspielräume der verschiedenen Akteure auf den jeweiligen Handlungsebenen zu untersuchen und auszunutzen. Entscheidend sind Koordination und Kooperation. Dabei wird die zivile Konfliktbearbeitung darauf zu achten haben, sich durch die Zusammenarbeit mit staatlichen Instanzen oder dem Militär in den Augen der Konfliktparteien nicht zu kompromittieren und nicht deren Vertrauen in ihre Unparteilichkeit zu zerstören. Das macht – über grundsätzliche Bedenken und den Argwohn, im staatlichen Interesse missbraucht zu werden, hinaus – die größte Sorge der zivilen Konfliktbearbeitung aus. So erhöht sich die Gefährdung ihrer Mitarbeiterinnen und Mitarbeiter, sobald deren Neutralität in Zweifel steht. Auf der anderen Seite benötigen sie mitunter aber auch militärischen Schutz, wenn sie nicht gänzlich auf ihre Arbeit verzichten wollen. Winfried Nachtwei hat in seinem Beitrag nachgezeichnet, wie sich mit dem Vorhaben der Krisenprävention in der Bundesrepublik das Konzept der vernetzten Sicherheit entwickelt hat, eine rasche Karriere durchlief, um dann aufgrund der Einwände sowohl des Militärs als auch der zivilen Konfliktbearbeitung wieder fallen gelassen wurde. Festgehalten werden müsse jedoch – so der Autor – der allen Seiten gemeinsame Grundsatz des bestmöglichen Zusammenwirkens aller vor Ort tätigen Kräfte. Aber allein dieser bietet keine Erfolgsgarantie, vielmehr bedarf es auch klarer Zielvorgaben, einer eindeutigen Aufgaben- und Kompetenzverteilung und entsprechender Kapazitäten.

Für Winfried Nachtwei beinhaltet der Grundsatz des optimalen Zusammenwirkens auch den Abschied von der utopischen Hoffnung, mit der Idee der Prävention ein Allheilmittel gegen Gewalt in Händen zu halten. Das betrifft nicht nur das Verhältnis von ziviler Konfliktbearbeitung und Militär, sondern auch das bislang vernachlässigte von ziviler Konfliktbearbeitung und Polizei. Beide Akteure sind unverzichtbar für die Phasen der Konfliktprävention und -nachsorge. Denn die Zivilisierung eines gewaltträchtigen oder bereits eingedämmten Konflikts setzt die Möglichkeit von Sanktionen gegenüber denen voraus, die sich von der Ausübung von Gewalt größere Vorteile als von einem Gewaltverzicht versprechen. Das gilt insbesondere dann, wenn rechtsstaatliche Instanzen fehlen oder nur eingeschränkt handlungsfähig sind. Diese polizeiliche Aufgabe fällt, obgleich staatlicher Natur, in der Bundesrepublik in den zivilen Bereich und wird deshalb hierzulande von den Akteuren der zivilen Konfliktbearbeitung grundsätzlich akzeptiert, aber zu wenig konzeptuell integriert. Inzwischen können Polizeibeamtinnen und -beamte für Auslandseinsätze ausgebildet und entsendet werden, doch wirft ihre tatsächliche Abordnung noch immer nicht geringe Probleme auf, sodass ihre Zahl im internationalen Vergleich beschämend klein ist.

8 Religiöse Akteure in der zivilen Konfliktbearbeitung

8.1 Religionsgemeinschaften – ambivalente Akteure

Unter der Vielzahl zivilgesellschaftlicher Akteure, die sich im Rahmen der zivilen Konfliktbearbeitung engagieren, befinden sich auch Religionsgemeinschaften. Das umfasst nicht nur die Weltreligionen, sondern auch solche, die nicht darunter gefasst werden, heute durch umfassende Migrationsbewegungen oft weltweit verbreitet sind. Sie unterscheiden sich jedoch beträchtlich in Bezug auf ihren Organisationsgrad und ihre gesellschaftliche Durchdringungstiefe, und beides hängt meist eng mit dem jeweiligen Selbstverständnis zusammen, das immer auch eine bestimmte Sicht der Beziehung zur gesellschaftlichen Umwelt beinhaltet. Eine explizite Reflexion der Inhalte der religiösen Weltdeutung im Sinne einer Art systematischer Theologie findet sich nur in den sogenannten Hochreligionen; in aller Regel hat die praktische Frömmigkeit beziehungsweise die Religion als Lebensform den Vorrang vor dem religiösen Denken.

Eine allgemein gültige Beschreibung der Religionen und ihres Verhältnisses zu Frieden und Gewalt scheitert einerseits an der Vielfalt der Religionen, andererseits am Phänomen der Entwicklung religiöser Lebens- und Denkformen. Schließlich zeigt sich auch der Umstand, dass keine Religion ein in sich einheitliches Gebilde darstellt, sondern jede eine plurale Prägung aufweist – auch dann, wenn sie dem eigenen Homogenitätsideal widerspricht –, als Hindernis. Die Religionen selbst reklamieren meist für sich, eindeutig für Frieden zu stehen, während die Befunde historischer und empirischer Forschung für eine Ambivalenz sprechen, die sich plastisch in die Formel „Friedensstifter und Brandbeschleuniger" fassen lässt. Mit Rücksicht auf diese Sachlage drängt sich die Frage auf, wovon es abhängt, ob das Friedens- oder das Gewaltpotenzial einer Religion zum Tragen kommt. Die Beteiligung religiöser Akteure im Rahmen der zivilen Konfliktbearbeitung kann insofern als Form der Entfaltung des Friedenspotenzials verstanden werden. Sie setzt voraus, dass sie in ihrer Religion Wege und Mittel finden, deren Gewaltpotenzial zu bändigen, also etwa gewaltfördernde Texte in den Heiligen Schriften durch Interpretation zu entschärfen.

8.2 Religionen in der Konfliktprävention und -nachsorge

Die innere Pluralität der Religionen erlaubt nur selten eine einheitliche Linie in ihrem Konfliktverhalten, selbst wenn eine gemeinsame offizielle Doktrin existiert. Dieses Problem spitzt sich zu, wenn Angehörige der gleichen Religion auf der Seite verschiedener Konfliktparteien stehen und der Konflikt die Religionsgemeinschaft einer Zerreißprobe aussetzt, wie es zumal bei nationalen Konflikten häufig der Fall ist. Hält das Netzwerk innerreligiöser Verbindungen ihr stand, kann es dazu dienen, über die Frontlinien hinweg Brücken zu schlagen. Im Fall des Christentums sind es oft ökumenische Beziehungen, die sogar im Fall kriegerischer Konflikte fortbestehen und nach deren Ende für Wiederaufbauhilfe und Konfliktnachsorge von Bedeutung sind. Nicht zufällig zählt die

Versöhnungsarbeit zu den bevorzugten religiösen Initiativen. Die
Tätigkeit der meisten Wahrheits- und Versöhnungskommissionen
als einem mittlerweile geläufigen Bestandteil der *Transitional Justice*
wurde von christlichen Kirchen oder Persönlichkeiten angestoßen.
Vor allem im Rahmen der Nachsorge in den hoch belasteten Situationen nach dem Ende der Militärdiktaturen Lateinamerikas
hat sich die Dokumentation ihrer Verbrechen seitens kirchlicher
Zentren als äußerst wertvoll erwiesen.

In präventiver Hinsicht besteht die vordringlichste Aufgabe
der Religionsgemeinschaften in Konfliktlagen natürlich darin,
kein zusätzliches Öl ins Feuer gießen. Das gelingt am besten,
wenn sie eine gewisse Distanz gegenüber den Hauptakteuren zu
wahren vermögen oder den Konflikt als solchen verurteilen. Die
Kontakte über die Grenzen der Konfliktparteien hinweg können
helfen, gegenseitiges Verständnis zu fördern und sich einer gemeinsamen Sicht des Konflikts anzunähern. Hinzu kommt, dass
die größeren Religionsgemeinschaften über ein eigenes, meist
relativ engmaschiges Informationsnetz verfügen, das im Einzelfall die verschiedenen Ebenen und Strukturen einer Gesellschaft
durchdringt, also von den Kommunen bis zur Regierung reicht. Es
wäre äußerst hilfreich, wenn diese Informationsquellen im Sinne
von *Early-Warning*-Systemen besser miteinander verknüpft und
ausgewertet würden. Die Effektivität der informationellen und
gesellschaftspolitischen Wirkungsmöglichkeiten einer Religionsgemeinschaft steigt, je besser ihr struktureller Differenzierungsgrad
dem ihrer gesellschaftlichen und politischen Umwelt entspricht.
Erneut bietet die christliche Ökumene die Chance, diesem Erfor-
dernis durch Zusammenarbeit besser gerecht zu werden als jede
Konfession es für sich vermag.

Religionsgemeinschaften und religiöse Führer können in jeder
Konfliktphase zu Friedfertigkeit, Verständigungs- und Kompro-
missbereitschaft, Mäßigung und gegenseitiger Achtung aufrufen,

das heißt, sich dafür einsetzen, die tugendethische Seite der zivilen
Konfliktbearbeitung zu stärken. Gerade in der Gewaltphase ist
es wichtig, bei allen Konfliktparteien Haltungen zu unterstützen,
die unabdingbar sind, wenn es zu einer Waffenruhe kommen
soll. Frieden braucht einen festen Willen und einen langen Atem.
Friedensseminare, möglichst ökumenisch oder interreligiös durchgeführt, sind eine Gelegenheit, um Menschen füreinander zu
öffnen und sich ändern.

Religionen als Lebensformen beabsichtigen, Menschen ganz-
heitlich zu prägen. Das verleiht der Erziehung eine besondere
Bedeutung. In ihr werden Einstellungen und Verhaltensmuster
eingeübt, die Gewaltbereitschaft begünstigen, indem sie Feindschaft,
Fanatismus und Hass fördern, oder im Gegenteil dazu befähigen,
Frieden zu stiften. Selbsternannte Realisten behaupten gerne,
Friedenspolitik setze einen fairen Interessensausgleich voraus, weil
Politik von Interessen bestimmt werde. Das ist wahr, aber nur die
halbe Wahrheit. Zur ganzen Wahrheit gehört die Einsicht in die
Unverzichtbarkeit von ethischen Normen, die der Interessensdurch-
setzung mit Gewalt Grenzen setzt und eine moralische Haltung,
die diese Grenzen respektiert. Sie entsteht normalerweise in einem
längeren Prozess in der Familie, in Schule und Jugendarbeit. In
den säkularen Gesellschaften des Westens nimmt der religiöse
Einfluss ab, doch in der überwiegenden Mehrzahl der Staaten
verhält es sich anders. Westliche Akteure der zivilen Konfliktbearbeitung schaden ihrem Anliegen, wenn sie dieser Grundsituation
nicht Rechnung tragen. Aber religiöse Akteure sind nicht a priori
besser geeignet, sondern müssen ökumenische und interreligiöse
Kompetenz erwerben, die in Bildung und Ausbildung noch immer
zu wenig Gewicht hat.

8.3   Religionen und ihre Vermittlung in Konflikten

In den meisten Konflikten sind Religionen mehr oder minder direkt beteiligt, nicht immer ursächlich, aber als ein Einflussfaktor. Das muss nicht zwangsläufig von Nachteil sein, doch es erschwert es ihnen, glaubwürdig eine neutrale Position einzunehmen. Daher treten vorzugsweise Einzelpersonen, Amtsträgerinnen und -träger oder anerkannte Führungspersönlichkeiten, allenfalls kleinere Gruppen als Vermittlerinnen in Erscheinung, denen trotzdem Unparteilichkeit zugebilligt wird beziehungsweise die das Vertrauen der Konfliktparteien genießen, weil sie zumindest uneigennützig zu agieren versprechen. Die Figur des „Dritten" in Mediationsprozessen bedürfte künftig gründlicher Untersuchung; sie verknüpft die zivile Konfliktbearbeitung mit dem Aufgabenfeld klassischer Diplomatie. Es gibt eine religionsbasierte „Diplomatie", die nur in Ausnahmefällen öffentlich beachtet wird und manchmal auch gar nicht bekannt werden soll. Allerdings garantiert das Wirken religiöser Vermittlerinnen und Vermittler keinen Erfolg. Diese Erfahrung mussten im 20. Jahrhundert sogar Päpste machen, wie Benedikt XV. im Ersten Weltkrieg oder Paul VI. im Vietnamkrieg. Berühmt wurde die römische Stadtgemeinde St. Egidio, der es aufgrund ihrer innerkatholischen und internationalen Vernetzung und mit viel Geschick gelang, in Mozambique einen Verhandlungsfrieden zu erreichen. Im Jugoslawienkonflikt scheiterten jedoch deren Bemühungen. Alle Vermittlungsversuche sind vergeblich, wenn es auf Seiten der Konfliktparteien am politischen Willen fehlt, auf dem Verhandlungsweg eine beidseitige Vereinbarung zu schließen. Häufig erhöhen sie erst einmal den Gewalteinsatz, um ihre Verhandlungsposition zu verbessern. Der Wahl des richtigen Zeitpunkts für eine Friedensinitiative hängt folglich entscheidend von der Einschätzung der Konfliktlage seitens der Konfliktparteien ab.

Nachdem die Friedenarbeit der Religionen lange von der Friedensforschung weitgehend ignoriert wurde, existieren inzwischen vor allem zahlreiche Fallstudien. Dabei hat sich unter anderem herausgestellt, dass die Akteure vor Ort oft einen Mangel an Koordination und gegenseitige Abstimmung sowie zu wenig Kontinuität und Nachhaltigkeit der externen Unterstützung beklagen. Ebenso wie Organisationen der humanitären Hilfe stehen auch Institutionen und Initiativen der zivilen Konfliktbearbeitung oft miteinander in einem Konkurrenzverhältnis: in Bezug auf Geldgeber, staatliche Behörden und lokale Partner. Statt diese Tatsache zu verschleiern oder schamhaft zu beschweigen, muss sie bewusst gemacht und bei der Planung und Durchführung von Projekten konstruktiv berücksichtigt werden.

Langfristige und nachhaltige Projektarbeit hängt entscheidend von der finanziellen Ausstattung ab. Geldgeber haben das Recht, zu kontrollieren, ob die finanziellen Mittel zweckdienlich verwendet werden. Es ist aber wichtig, mit ihnen über die Vergabekriterien ins Gespräch zu kommen und sich darüber zu verständigen, was als Erfolg gewertet werden kann und ob der Förderungszeitraum dem Ziel angemessen ist. Im Unterschied zu technischer oder humanitärer Hilfe sind Wirkungen von Friedens- und Versöhnungsarbeit schwer zu messen und brauchen Zeit. Das ist ein wesentlicher Grund für die Schwierigkeit, dauerhafte politische Unterstützung für präventive Aktivitäten zu mobilisieren. Langfristige öffentliche Aufmerksamkeit lässt sich für sie noch schwerer gewinnen, weil ihr Nachrichtenwert nur gering ist und schnell auf Null sinkt. Demgegenüber pflegt die Unterstützung von Religionsgemeinschaften, wenn sie einmal eingesetzt hat, weniger aktuellen Schwankungen unterworfen zu sein. Und in religiöser Perspektive betrachtet ist Erfolg kein besonders überzeugendes Kriterium für den Wert einer religiös motivierten Tätigkeit, und ein messbarer noch viel weniger.

9 Zivile Konfliktbearbeitung als prioritäre Aufgabe

Trotz wachsender Zustimmung bei politischen und militärischen Instanzen findet die zivile Konfliktbearbeitung in der Bevölkerung nach wie vor zu wenig Beachtung, und ihre finanzielle Förderung bleibt chronisch mangelhaft, auch wenn die üblichen Vergleiche mit den Militärausgaben meist hinken. Es fällt schwer, im öffentlichen Bewusstsein der Erkenntnis zum Durchbruch zu verhelfen, dass nicht der Krieg, sondern der Frieden der Ernstfall ist. So lange sich das politische Denken und Handeln vorrangig am Worst Case ausrichtet, herrscht eine Schieflage bei der Prioritätensetzung. Sie bedarf dringend der Korrektur. Denn die Zunahme von Gewaltkonflikten ruft geradezu nach erhöhten Anstrengungen der zivilen Konfliktbearbeitung, die zu einer prioritären Aufgabe werden muss. Zwar stimmt es nicht, dass Gewalt stets nur Gewalt erzeugt, aber es trifft zu, dass Gewalt keinen Frieden schafft. Um Frieden zu stiften, gibt es keine Alternative zur Gewaltfreiheit.

Autorinnen und Autoren

Walter Dietrich, Dr. theol. habil., Professor em. am Institut für Altes Testament an der Universität Bern

Ute Finckh-Krämer, Dr. rer. nat., Politikerin (SPD), 2013–2017 Mitglied des Deutschen Bundestages, Expertin für Friedenspolitik, Co-Vorsitzende des Sprecherrates der Plattform Zivile Konfliktbearbeitung, Berlin

Martina Fischer, Dr. phil., Politikwissenschaftlerin, Referentin für Frieden und Konfliktbearbeitung bei Brot für die Welt in Berlin

Rebecca Gulowski, MA, Konflikt- und Gewaltforscherin, Wissenschaftliche Referentin am Deutschen Jugendinstitut in München

Winfried Nachtwei, Politiker (Bündnis 90/Die Grünen), 1994–2009 Mitglied des Deutschen Bundestages, Experte für Friedens- und Sicherheitspolitik, Münster

177

© Springer Fachmedien Wiesbaden GmbH, ein Teil von Springer Nature 2020
I.-J. Werkner und H.-G. Stobbe (Hrsg.), *Friedensethische Prüfsteine ziviler Konfliktbearbeitung*, Gerechter Frieden,
https://doi.org/10.1007/978-3-658-28641-5

Martin Quack, Dr. rer. pol., Friedens- und Konfliktforscher und freier Berater für Friedensförderung und humanitäre Hilfe, Reutlingen

Christine Schweitzer, Ph.D., Wissenschaftliche Mitarbeiterin am Institut für Friedensarbeit und Gewaltfreie Konfliktaustragung und Geschäftsführerin des Bundes für Soziale Verteidigung, Hamburg

Heinz-Günther Stobbe, Dr. theol. habil., Professor em. für Systematische Theologie und Theologische Friedensforschung am Seminar für Katholische Theologie der Universität Siegen

Ines-Jacqueline Werkner, Dr. rer. pol. habil., Friedens- und Konfliktforscherin an der Forschungsstätte der Evangelischen Studiengemeinschaft e. V. in Heidelberg und Privatdozentin am Institut für Politikwissenschaft an der Goethe-Universität Frankfurt a. M.

CPSIA information can be obtained
at www.ICGtesting.com
Printed in the USA
LVHW050822130120
643361LV00017B/1561/P

9 783658 286408